¿POR QUÉ DEJÉ DE CREER EN EL SOCIALISMO?

Y ABRACÉ EL LIBERALISMO

HUGO PEREIRA

www.abrazar-liberalismo.guiaburros.es

EDITATUM

Diseño de cubierta: © Marta Villarín (EDITATUM)

Maquetación de interior: © EDITATUM

Primera edición: abril de 2023

ISBN: 978-84-19731-07-4

Depósito Legal: M-8904-2023

IMPRESO EN ESPAÑA/ PRINTED IN SPAIN

Te invitamos a registrar la compra de tu libro o *e-book* dándote de alta en el **Club GuíaBurros,** obtendrás directamente un cupón de **2 € de descuento** para tu próxima compra.

Además, si después de leer este libro lo has considerado útil e interesante, te agradeceríamos que hicieras sobre él una **reseña honesta en cualquier plataforma de opinión** y nos enviaras un *e-mail* a **opiniones@guiaburros.es** para poder, desde la editorial, enviarte **como regalo otro libro de nuestra colección.**

Sobre el autor

 **Hugo Pereira** es politólogo por la Universidad de Santiago de Compostela. Es Premio Extraordinario del Grado en Ciencia Política y de Administración. Apasionado por la comunicación y el análisis de la realidad política y económica, desde muy joven comenzó su andadura laboral en medios de comunicación.

Trabaja como periodista y analista de actualidad política y económica en *ESdiario.com,* uno de los digitales con más influencia e impacto de España. Tiene presencia habitual, además, en múltiples programas de televisión y radio: colabora en TeleMadrid, en Radio Galega, en TVG 2, en Radio Intereconomía, en Decisión Radio, entre otros medios. Es, asimismo, analista de política y economía en canales de televisión internacionales: colabora en A24 TV, en NTN 24 y en France 24.

Dispuesto siempre a aprender, innovar y a enfrentarse a nuevos retos profesionales, *¿Por qué dejé de creer en el socialismo? Y abrecé al liberalismo,* es su primer ensayo de teoría política y económica.

www.hugopereirachamorro.com

https://twitter.com/Pereira_Hugo_

https://es.linkedin.com/in/hugopereirachamorro

https://www.facebook.com/PereiraChamorroHugo/

Agradecimientos

Agradecer a todas las personas que han pasado por mi vida y que han creído en mí, que me han enseñado, ayudado, que me han dado una oportunidad y, en suma, que me han hecho —y hacen— crecer como persona y profesional. Muchas gracias.

Índice

Prólogo

Cambiar de ideas no es fácil, como bien se señala en este libro que tengo el honor de prologar. No es fácil sea cual sea la orientación que este cambio tenga, porque implica al mismo tiempo, en muchos casos, un cambio de valores, un cambio de amistades e incluso un cambio laboral, si el ejercicio de la expresión de ideas forma parte de este. No porque exista necesariamente un sectarismo por parte de quien nos rodea, sino porque pasamos a relacionarnos con otras personas o con otros entornos profesionales y políticos. Es más, todo el capital social o humano acumulado hasta el momento pierde de repente buena parte de su valor. Pensemos en el caso de un intelectual marxista que adquiere ideas capitalistas —o a la inversa, que bien puede suceder también—. Este de repente se encuentra que lo que ha estudiado o escrito pierde validez y comienza a aprender casi desde cero. También en muchos casos el que cambia de opinión se encuentra que buena parte de su estatus profesional pierde relevancia y que, de ser una figura relevante en su área de especialización, pasa a ser poco más que un aprendiz. De la misma forma tampoco acostumbra a ser bien visto el cambio de ideas. Los antiguos camaradas pueden verlo como una deserción, y se le adjudican en muchas ocasiones intereses espurios a la mudanza y los nuevos aunque normalmente más cálidos no dejan a veces de verlo como un advenedizo. Por algún motivo que desconozco suele valorarse más en el ámbito de las ideas la coherencia de la cuna a la tumba que el hacer mudanzas en el ámbito de los valores, que a veces es calificado como de frivolidad —cuando no de inconsistencia intelectual—. Por esta razón el relato del cambio de ideas expuesto en este libro tiene tanto interés. Nada gana en principio el autor con el cambio, honrado a mi entender, y sí pierde mucho, por lo menos en sus comienzos. Y no dudo que seguirá cambiando de ideas a lo largo de su carrera profesional si así lo estima oportuno, y sin pensar en más intereses que el de la honradez intelectual.

Pero no es de interés solo el relato de la migración de un mundo a otro, sino que este libro tiene interés por la exposición de las razones que le han llevado a hacerlo. Al tiempo que introduce reflexiones sobre su formación como comunicador de ideas, expone de forma muy clara y concisa los principios económicos y políticos que ahora dirigen su actividad profesional. Primero porque nos ofrece una visión panorámica de cuál es su visión de una sociedad libre, y esta pasa necesariamente por un sistema económico lo menos intervencionista posible. El liberalismo hispano ha sido tradicionalmente un liberalismo político y cívico, insistiendo en la división de poderes, a su vez centralizados y ordenados por una constitución que favorezca el pluralismo y el control político de los gobernantes por parte de la sociedad civil ordenada en partidos y asociaciones cívicas. Pero el liberalismo hispano ha olvidado con frecuencia el factor económico en sus diseños, obviando la necesidad de la existencia de una economía dinámica que genere los recursos necesarios para poder financiar los servicios estatales y que, a su vez, sirva de adecuado contrapoder a un poder que, dejado de su mano, bien podría llegar a ser despótico. Para ello es necesario reducir la excesiva inflación de normas y regulaciones que pudieran atrofiar la innovación y por ende el desarrollo económico, garantía última del bienestar ciudadano, sea este público o privado. De ahí el énfasis que discurre a lo largo de todo el libro en evitar intervenciones arbitrarias del gobernante en el discurrir de la vida económica. El autor ilustra muy bien estas disfunciones con el bien traído análisis, que discurre a lo largo de dos bien documentados capítulos, de la política industrial española de los últimos Gobiernos, y que justificaría por sí mismo una o varias monografías específicas, y que espero que el autor tenga a bien desarrollar en un futuro próximo.

Sea pues bienvenido este pequeño libro, no solo por el valor que el autor demuestra a la hora de exponer las razones de su cambio de ideas, sino también por el interés de su contenido y porque demuestra la rica pluralidad ideológica de nuestros universitarios, que, a pesar de los tópicos, sigue estando muy presente, y que les augura también a pesar de los tópicos un muy brillante porvenir.

Miguel Anxo Bastos

Profesor titular de Ciencia Política y de la Administración en
la Universidad de Santiago de Compostela.
Doctor en Ciencias Económicas y Empresariales y licenciado
en Ciencia Política.

Yo soy yo y mis circunstancias

"Quien controla el pasado controla el futuro; quien controla el presente controla el pasado".

George Orwell

La fatídica noticia llegó a mediados del año 2018.

Desde que era muy pequeño me caractericé por no entretenerme con lo que normalmente se supone que le gusta a un adolescente: no jugaba en ningún equipo de fútbol —más bien era un desastre en todos los deportes—, no me entusiasmaban especialmente los videojuegos, ni tan siquiera pasarme la tarde entera en la playa en verano con amigos. Y hasta que prácticamente inicié tercero de la ESO, era extremadamente tímido. Me costaba hacer amigos. Vamos, era el prototipo de hijo único y rarito.

A pesar de todo, desde que tengo uso de razón hay algo que me llena sobremanera y es la comunicación. Nunca olvidaré la comida con el periodista Juan Ramón Lucas en mi pueblo, Nigrán. Yo tendría unos diez años, y desde entonces supe que me gustaría trabajar en lo mismo que él. No en vano, pedí de regalo a mis padres un antiviento y un cubilete para *vestir* el micrófono que venía con el *SingStar* y poder convertirme en todo un reportero de televisión. Y recuerdo la *turra* que le di a mi padre para que me grabara con una cámara que teníamos por casa relatando noticias. Me lo pasaba en grande. Luego descubrí cómo grabarme con la *webcam* del ordenador y cuántas veces me hice pasar por todo un Matías Prats. Eso sí, de marca blanca.

Además de estar delante de la cámara, también me fascinaba —y me fascina— la parte técnica. Aprendí a editar vídeo y a realizar programas (usaba el *Wirecast*) con solo unos doce o trece años. Desde ahí entendí que los que salen en cámara, a pesar de que se lleven todos los aplausos —también las críticas—, no son, ni de lejos, más importantes que todos aquellos que están detrás de ellas, en control o produciendo el programa de televisión o radio en cuestión. Sin su profesionalidad, la comunicación no sería posible.

Lo de reportero se quedó en un segundo plano cuando descubrí *La Sexta Noche,* con unos catorce años. No había sábado que no viera el programa junto a mi padre, en el salón. Sí, me entretenía, y mucho, la actualidad política y económica. Era un rarito, ya te lo dije. Es más, en ese momento, como es comprensible, no sabía demasiado ni de política, ni de economía, ni de nada. Pero ver ahí a Eduardo Inda, Alfonso Rojo y tantos otros discutiendo con Pablo Iglesias, Elisa Beni…, me fascinaba. Hoy en día tengo la suerte de decir que muchos de los que se sentaban —y se sientan— en esos sillones son amigos.

No tardé en darme cuenta de que para llegar ahí hay que esforzarse mucho, aprender otro tanto, trabajar en demasía y, desde luego, tener la suerte de que la persona indicada se fije en ti y te quieran dar una oportunidad. Lo importante es tratar de ser el mejor en todo y destacar.

Y eso fue lo que traté de hacer desde pequeño. Si quieres destacar en lo que te motiva y te apasiona, échale ganas, horas, y no desistas nunca. Hay tiempo tanto para la diversión como para el estudio y el trabajo, pero si quieres destacar tienes que esforzarte más que los que te rodean. Esto fue lo que me inculcaron y me enseñaron mis padres. Y lo agradezco.

Recuerdo mis años de secundaria y bachillerato con especial cariño, me lo pasaba estupendamente bien yendo a clase. Siempre he sido una persona muy independiente. Me encanta pasar ratos a solas conmigo mismo. Lo sé, suena muy egocéntrico, pero, seguro, aquellos que sienten paz interior estando a solas me entenderán. La reflexión, la lectura, potenciar aquello que te motiva y te relaja, los paseos rodeado de naturaleza, jugar con tu perro, escuchar música… Son, desde luego, placeres de la vida que muchos disfrutamos en soledad. Eso sí, cuando estoy rodeado de personas no me gusta pasar desapercibido.

Era muy tímido, sí, pero me duró hasta finales de secundaria. Luego, para desgracia de mis profesores y compañeros, no había nadie que me callara en los típicos debates en clase o en mi grupo de amigos. Además, si por algo me distinguía era, como decía mi tutora en cuarto de la ESO, por ser muy vehemente. Si algo me entraba en la cabeza y creía que era lo correcto, lo defendía hasta las últimas consecuencias. Costara lo que costara. Hasta broncas y jaleos *gratuitos* con profesores y amigos. En cualquier caso, si luego hacían que me diese cuenta de que estaba equivocado, no me costaba absolutamente nada pedir disculpas.

Iba a llegar el verano del año 2018 y con él la selectividad. Estaba en segundo de bachillerato. Ese curso en el que desde el primer día y hasta el último escuchas unas cuantas veces al día el temible objetivo a perseguir: la s-e-l-e-c-t-i-v-i-d-a-d. Ciertamente, como casi todo en la vida, luego no fue tan difícil —al menos para mí— de superar, y con nota.

A lo que ya era un año difícil se le sumó lo que nunca me imaginé que me sucedería a mis dieciocho años y a los cuarenta y ocho años de mi padre: un demoledor informe médico que le diagnosticaba un cáncer de pulmón. Se me vino —se nos vino— el mundo encima.

Esa semana y la siguiente tenía muchos exámenes en el instituto. Mis profesores me apoyaron desde el primer momento y, a pesar de que mi responsabilidad me lo impedía, mi cabeza me exigía pedir que me cambiaran la fecha de los exámenes. No me podía concentrar. Fue todo un verdadero *shock*. Me aplazaron los exámenes y, poco a poco, fui asumiendo la nueva realidad familiar, marcada por vivir el presente y aferrarse a cualquier atisbo de esperanza.

Mi madre me ocultó, hasta el último momento, gran parte de la gravedad del asunto. Gracias a ello pude sacar, y con nota, el bachillerato, la selectividad e iniciar la carrera de Ciencia Política en Santiago de Compostela con alegría y esperanza. Y todo a pesar del deterioro físico que le podía apreciar a mi padre. Pero nunca perdimos la esperanza.

A pesar de que el periodismo me fascina, la política y la economía me hechizan. Algunos amigos periodistas me recomendaron por aquel entonces que antes me especializara en alguna disciplina (política, economía, derecho…) y posteriormente que me sacara la carrera de periodismo. Y así hice. Y no me arrepiento en absoluto. Me embarqué en la fascinante ciencia política y en un idílico lugar como es Santiago de Compostela.

El iniciar la universidad era todo un cambio de aires, tanto por la nueva metodología en las clases como por la nueva —y más autónoma— forma de estudiar. También porque me independicé. Todo era nuevo. El primer año lo pasé en una residencia de estudiantes, los siguientes en un piso solo.

En la carrera de Ciencia Política, como es lógico, hay mucha actividad y movilización social. Aunque, ciertamente, el sectarismo —como sí ocurre en otras universidades— no era el fuerte de mi facultad. Menos mal.

Yo por aquel entonces era un claro partidario del socialismo y hasta me llegué a afiliar al PSOE. Estaba completamente convencido de que el *socialismo democrático* era la mejor forma de hacer prosperar una sociedad, de conseguir derechos y fortalecer la libertad colectiva. Ciertamente la *tontería* me duró poco y en menos de un año me desafilié del PSOE; algo que fue, por cierto, muy sonado en unas redes que estaban acostumbradas a ver y oír opiniones mías que magnificaban lo bueno que eran los *antifachas.* Hasta hay por ahí una foto mía con un Pedro Sánchez que optaba a ganar unas elecciones.

Estaba profundamente equivocado, pero no me arrepiento de nada. Como liberal que llevo siendo desde ya hace muchos años, profeso al pie de la letra la máxima que define mi pensamiento político: el respeto irrestricto al proyecto vital ajeno. Cada uno que piense, defienda y haga con su vida lo que mejor le venga en gana. Faltaría más. Eso sí, siempre y cuando respete la libertad de los demás y cumpla con las leyes.

Nunca fui cerrado de mente. Sí, soy muy cabezota, pero jamás me clausuré ante nuevas explicaciones, puntos de vista o conocimientos; al contrario, siempre me gustó, como a los científicos, falsar mis ideas, máxime las políticas y económicas. Y la carrera de Ciencia Política me proporcionó precisamente eso, la capacidad de conocer a desconocidos autores y sumergirme en un mar de impensables formas de entender una compleja realidad sociopolítica.

Soy consciente de que no muchos ni tuvieron ni tendrán la misma suerte que yo y que, por desgracia, la gran mayoría se quedarán con el ideario *mainstream.* Y es normal. Si no te dedicas estudiar la política, ni a analizar la economía, ni nada por el estilo, ¿qué necesidad tienes de ponerte a leer complejos ensayos de autores que te son completamente ajenos y que arguyen conclusiones muy raras?

Como decía, no me arrepiento de haber sido socialista. Ser de izquierdas no es malo. En absoluto. Es completamente legítimo. Lo que sí es muy criticable es ser un sectario, tener la mente cerrada a todo cambio de ideas, vivir con prejuicios y, en fin, no ser *mayor de edad*. La minoría de edad significa no ser capaces de servirnos de nuestro propio entendimiento sin seguir a otro. Esto diría Kant: "Uno mismo es culpable de esta minoría de edad cuando la causa de ella no reside en la carencia de entendimiento, sino en la falta de decisión y valor para servirse por sí mismo de él sin la guía de otro".

En conclusión: *Sapere aude!*, ¡Atrévete a saber!

Y con esta filosofía, nunca mejor dicho, inicié la apasionante carrera universitaria en Santiago de Compostela. Ahí tuve, por cierto, el honor y la fabulosa oportunidad de conocer a quien más adelante se convertiría en mi director de TFG y en todo un referente: Miguel Anxo Bastos. Uno de los máximos exponentes de la *escuela austriaca* en el mundo. Y tras mucho esfuerzo llegó el último examen del curso, uno de Estadística. Nada fácil, ya te lo puedes imaginar.

A la puerta de la facultad me esperaba mi madre, que me vino a buscar para regresar a casa. Comenzaba el verano. Estaba verdaderamente contento. Había acabado el primer curso de carrera con muy buenas notas, ¡estaba estudiando lo que me gustaba! y por delante me esperan dos maravillosos meses de verano en los que poder cargar pilas pero también potenciar mi faceta como politólogo y comunicador: había reconvertido un viejo canal de YouTube en el que publicaba vídeos de actualidad tecnológica en uno en el que compartiría opiniones y análisis de la realidad política y económica que estábamos viviendo. Ojalá algún director de un digital o de algún programa de televisión se fijara en mí, pensaba. Pero era muy joven e inexperto.

Pero la felicidad duró poco. Jamás olvidaré ese paseo junto a mi madre hasta el aparcamiento para coger el coche que nos llevaría a un piso que ya nunca más significaría lo mismo. Mi madre, confesándome que había esperado hasta este momento a decírmelo, para que no me afectara en mi rendimiento académico, me desveló que mi padre estaba muy grave. Ya no había nada que hacer, le habían retirado la quimioterapia y la radioterapia, ya nada hacía remitir su cáncer de pulmón. Le quedaban, a lo sumo, un par de meses de vida o semanas, quién sabía.

Se me vino el mundo encima. Empecé a percibir un dolor, una impotencia y un miedo que nunca había sentido. Íbamos de camino al piso, donde se encontraba mi padre, al que en poco tiempo ya no volvería a ver. Los días de ese verano del 2019 se volvieron amargos y eternos. Cada día podía ser el último para mi padre. Qué angustia. Llegó septiembre y empecé el segundo curso de carrera. Me tuve que ir a Santiago de Compostela.

Iba todos los fines de semanas a visitar a mi familia. Llegaba el viernes y me iba el domingo. Así fueron todas las semanas. Menos la del veintiocho de septiembre. Ese fin de semana mi padre empeoró y el domingo lo tuvieron que ingresar. Y la muerte llegó.

Maduré todo lo que tenía que madurar para mi edad, y de golpe. Fue un punto de inflexión en mi vida. Entendí que esta vida es fugaz: todo puede cambiar de un segundo a otro. Y que debía centrarme en lo verdaderamente importante. De mi padre me llevaba una lección muy valiosa: en la vida nadie te regala nada y todo se consigue a base de esfuerzo, dedicación y trabajo.

Me considero una persona muy realista y pragmática. No todo está bajo nuestro control. Hay muchas circunstancias que no podemos controlar, ni predecir, ni solucionar. Los seres humanos no somos funciones matemáticas. Y nuestra racionalidad es limitada: no podemos acceder a toda la información necesaria para tomar las mejores y más racionales decisiones. Ni tampoco tenemos tiempo para ello. Nuestro tiempo es limitado y, desde luego, muy codiciado.

Como reflexión final, quiero destacar que, como dijo José Ortega y Gasset, yo soy yo y mis circunstancias. Cada uno de nosotros tenemos unas vivencias, unas aptitudes, unos miedos, un entorno que nos hacen ser potencialmente desiguales los uno de los otros y, desde luego, impredecibles. Nadie nos puede controlar, ni obligarnos a ser iguales los uno de los otros. Nuestra libertad es innata, forma parte de nuestra esencia humana. Todo aquel poder que nos quiera planificar se encontrará de bruces con la más pura realidad y es que no estamos (pre) determinados.

Ahora te contaré algunos aprendizajes que adquirí durante mis años de Universidad. Mi objetivo no es convencerte, sino hacerte dudar; que tras leer este libro sientas curiosidad y quieras profundizar en todos —ojalá— o, al menos, en algunos de los temas que te propongo.

Lo único que te pido es que abras tu mente y la liberes de todo prejuicio e idea preconcebida.

¡Vamos allá!

Las políticas públicas

"Las obras públicas no se construyen con el poder milagroso de una varita mágica, son pagadas con los fondos arrebatados a los ciudadanos".

Ludwig Heinrich Edler von Mises

Recuerdo que una de las primeras cuestiones que aprendí durante la carrera es a definir lo que son las *políticas públicas.* Y no tardé en darme cuenta de que ni la definición de este concepto ni la de tantos otros iba a ser tarea fácil. Voy a tratar de explicarlo.

Como te decía, la conceptualización de política pública no es una tarea sencilla. Para tratar de conseguir tal objetivo, tengo que contar a qué nos referimos los politólogos cuando hablamos de *política.* Dentro de ese concepto, y usando instrumentalmente la lengua anglófona para entenderlo, confluyen tres acepciones distintas y de recurrente uso en la ciencia política: *polity, politics* y *policy.* Con *polity* nos referimos a la configuración jurídico–política de un Estado y todas las instituciones que de ella emanan; con *politics* describimos la acción de la política, esto es, las prácticas, estrategias o procesos que concluyen en el alcance y conservación del poder político–estatal; y, finalmente, con *policy* nos referimos propiamente a las políticas públicas. Muy bien, pero ¿qué es una política pública o *policy?*

Para responder a esta cuestión repasemos las principales definiciones que algunos teóricos nos han aportado hasta el momento. Harold D. Lasswell y Abraham Kaplan definieron en el pasado siglo política pública como "un programa proyectado de valores, fines y prácticas"[1]. Otra de las definiciones de política pública más reconocidas en la ciencia política es la dada por Hugh Heclo en el año 1972: la política pública es un "curso de acción adelantado bajo la autoridad de los Gobiernos"[2]. Dos años más tarde, en el 1974, nuevamente Heclo junto a Aaron Wildavsky definieron *policy* como "una acción gubernamental dirigida al logro de objetivos fuera de ella misma"[3]. De una forma más simple y concisa define el concepto Thomas R. Dye, en 1987, para quien las políticas públicas "son todo aquello que los Gobiernos eligen hacer o no hacer"[4].

Hay una serie de elementos, apuntan Kevin Smith y Christopher Larimer, que están presentes en la mayoría de las definiciones de políticas públicas:

> Hay un acuerdo general en que la política pública incluye el proceso de toma de decisiones y los resultados o acciones de decisiones particulares; que lo que hace *públicas* a las políticas públicas es que esas elecciones o acciones están respaldadas por los poderes coercitivos del Estado, y que, en su núcleo, las políticas públicas son la respuesta a un problema percibido[5].

En este preciso sentido, Emilio Graglia insiste en la acción del Estado para la resolución de problemas, y con el objetivo de contribuir al bienestar común, como el elemento diferenciador de la *policy:*

> Las políticas públicas son proyectos y actividades que un Estado diseña y gestiona a través de un Gobierno y una Administración pública a fin de satisfacer necesidades de una sociedad. No dudamos en afirmar que el bien común es su razón de ser y que, consecuentemente, la satisfacción social y la aprobación ciudadana son sus fines. Asimismo, aseveramos que las políticas públicas son herramientas del Estado al servicio de la sociedad[6].

Como ves, según el autor que leamos obtendremos una definición distinta, algo que ocurre con la mayoría de los conceptos que manejamos los politólogos.

Ya sabemos lo que es una política pública, pero ¿cómo *algo* llega a convertirse en política pública? Esta es, desde luego, la pregunta del millón.

El proceso de implantación de una política pública se conoce como *ciclo de las políticas públicas.* La primera etapa de este ciclo es la identificación y definición de los problemas. Así, el Gobierno entiende la existencia de un problema que debe definir y finalmente decidir si desea actuar sobre él o no. Detección y definición son las dos tareas imprescindibles de esta etapa. El problema aquí es el problema. Me explico. La otra pregunta que nos podemos hacer es: ¿qué es exactamente un *problema público?*

Una primera aproximación a la difícil definición del concepto de problema público podemos encontrarla en aquellos autores que entienden que no hay problemas públicos *per se,* sino que estos son creados por las personas:

En relación con el problema público, Cobb y Elder (1984, p. 80), siguiendo a Wildawsky (1979), afirman que "los problemas son elaboración de los hombres. Siempre existen concepciones múltiples. No hay problemas definidos de modo único". En este sentido, la definición de *problema público,* para Stone (1989, p. 299), es la manipulación de las imágenes de las condiciones de la realidad por los actores que interactúan y compiten, de modo que estas condiciones reales se definen como problemas a través del retrato estratégico de las historias causales[7].

Así, en este sentido:

> Las ideas (Lakoff, 2007) y los valores de los actores tienen un rol fundamental en la definición de un problema. Este enfoque enlaza con la potencialidad del neoinstitucionalismo, que afirma que los valores, creencias y preferencias de los actores son aspectos endógenos a las instituciones, entendidas como "un conjunto de reglas y rutinas interconectadas que definen las acciones correctas en términos de relaciones entre roles y situaciones" (Peters, 2003, p. 50). Así, "las instituciones políticas definen el marco en el que tiene lugar la política" (March y Olsen, 1997, p. 65)[8].

En la conformación de un problema, tal y como apuntan autores como Noël-Roth, hay tres fases:

> 1. Que el asunto en cuestión genere cambio en la vida de los individuos, afectando de manera diferenciada a diversos grupos sociales; 2. La transformación anterior de la vida de los individuos genera una tensión que eleva el problema privado a problema social. Allí debe encontrar una formulación y transitar hacia la segunda fase, en la cual se precisa, por lo tanto, de un grupo o grupos de personas con la capacidad de liderar la vocería sobre el problema en el escenario público; 3. Finalmente, una vez se reconozca públicamente como tal, y sea formulado, se persigue la institucionalización de este[9].

Es claro que tenemos dificultades a la hora de definir lo que es un problema público. En cualquier caso es lógico pensar que somos los ciudadanos los que, en última instancia, entenderemos que un asunto es o no un problema público. Lo que resulta evidente es que, al tratarse de un problema de especificidad pública, quien deberá resolverlo es un poder también público. Pero volvamos a las etapas del ciclo de las políticas públicas.

La segunda fase es la conformación de la agenda pública. Ciertamente no todas las cuestiones que afectan a la ciudadanía y que son catalogadas de problemas acaban por tener la atención de los Gobiernos y por tanto influir en la toma de decisiones públicas. En este sentido, podemos distinguir dos tipos de agendas, la sistémica y la político-institucional:

> La agenda sistémica está formada por el conjunto de cuestiones que los miembros de una comunidad política perciben como merecedoras de atención pública y que, además, caen dentro del ámbito competencial de la autoridad gubernamental a la que se dirigen; son las cuestiones que preocupan a la sociedad. La agenda política, institucional o de gobierno está formada por el conjunto de asuntos explícitamente aceptados para ser considerados seria y activamente por los decisores públicos; son las cuestiones que preocupan al Gobierno. En líneas generales, la agenda de Gobierno suele reflejar la evolución de la agenda sistémica[10].

Y, atención, porque tras este duro *camino público,* ya podemos hablar, como tercera etapa, de la formulación de la *policy.* Una vez reconocido el problema y que este haya entrado en la agenda, se deben formular una serie de políticas o decisiones políticas para tratar de atajarlo.

En este sentido, podemos traer a colación los dos modelos existentes de formulación de políticas públicas por parte de un representante público: el de la *racionalidad limitada* y el de la *decisión incremental.*

El concepto de racionalidad limitada, aportado por el nobel de Economía en 1978, Herbert Simon, nos enseña que...

> es relevante para considerar la conducta de los decisores del mercado financiero, quienes pueden optar por obtener resultados satisfactorios en lugar de óptimos para sus inversiones y la

gestión de tesorería en organizaciones. El decisor económico confronta limitaciones de información y computacionales que conducen a que establezca un nivel de aspiración para la variable por optimizar y se conforme con superar cierto umbral, en lugar de considerar más alternativas[11].

Por su parte, el modelo de decisión incremental propuesto por Charles Lindblom...

> propone ubicar la decisión pública en valores marginales y no en los valores centrales, es decir, en los grandes temas. Los administradores públicos "han de elegir únicamente entre las diversas políticas alternativas que ofrecen diferentes combinaciones marginales de valores". Dicho de otra manera, quien decide en la Administración pública no se ocupará de la raíz sino de las ramas[12].

Como estamos comprobando, el modelo incremental se trata de toda una reacción al modelo racional. Así...

> si en el método racional la comprobación de que una política es la mejor es precisamente su resultado, la perspectiva incremental renuncia a ese objetivo por considerarlo inalcanzable y elige el criterio de validación, que es igualmente controvertido[13].

Hay otro concepto más estrecho de racionalidad, muy ligado al de racionalidad limitada que anteriormente citaba, que fue propuesto por Mises. El economista austrohúngaro definió como racional la acción que se lleva a cabo disponiendo de la información necesaria para culminarla. Mises argumenta que bajo un régimen socialista no cabe acción ni economía racional alguna: en el socialismo, como se impide el flujo empresarial de creatividad y de información empresarial de primera mano para dar un contenido coordinador a las acciones humanas, tales acciones son irracionales. Pero se trata, como decía, de una definición estrecha y aplicable a casos concretos. Toda acción humana, en la medida que sea un comportamiento humano deliberado, es siempre racional.

Volviendo rápidamente al concepto de racionalidad limitada de Herbert Simon, él mismo considera que los seres humanos son racionales en intención, pero no pueden alcanzar un comportamiento plenamente racional debido a sus limitaciones cognitivas, pues: 1) requiere un conocimiento completo (falta de información plena) y una anticipación de las consecuencias que van a seguir de cada elección; 2) las consecuencias pertenecen al futuro, la imaginación tiene que suplir la falta del sentimiento experimentado al darles valor; pero los valores solo pueden anticiparse imperfectamente; 3) requiere una elección entre todos los posibles comportamientos alternativos, pero en el comportamiento real solo se tienen en cuenta unas pocas de esas posibles alternativas.

Y llegamos, por fin, a una decisiva fase: la adopción de la política pública. Esto es, la construcción, como tal, de la política pública y su puesta en marcha. En esta etapa, el decisor o decisores públicos, con autoridad pública, ponen encima de la mesa la decisión que adoptar que, de alguna forma u otra, deberá ser avalada por organismos que poseen —o no— autoridad pública.

En este sentido, y teniendo en cuenta al neocorporativismo, argumentado por Philippe C. Schmitter, cabe apuntar la existencia de tres grandes actores, en relación estable, que dominan la producción de las políticas públicas. Así, conforman un *triángulo de hierro,* y son: Estado, patronal (empresarios) y sindicatos. En palabras del máximo exponente del neocorporativismo, Schmitter, el corporativismo se trata, pues, de un:

Sistema de representación de intereses en el cual las unidades constitutivas se organizan en un limitado número de categorías singulares, compulsorias, no concurrentes, ordenadas jerárquicamente y diferenciadas funcionalmente, reconocidas y autorizadas (si no es que creadas) por el Estado, y a las que se les concede un explícito monopolio de la representación dentro de sus respectivas categorías a cambio de observar ciertos controles en la selección de sus líderes y en la articulación de sus demandas y apoyos[14].

Se trata, así, de una reacción al pluralismo:

El modelo neocorporatista aparece en el panorama intelectual europeo a mediados de los años setenta, enfrentado a la teoría pluralista dominante en el mundo anglosajón (principalmente en EE. UU.), en un contexto sociohistórico de cambio y crisis que plantea nuevos retos a las distintas teorizaciones hasta entonces elaboradas en el mundo académico[15].

Cabe señalar sobre la teoría pluralista:

La teoría pluralista había analizado el Estado y la sociedad en los países capitalistas avanzados partiendo de ciertas premisas básicas, que se resumían en el determinante papel que los grupos de interés, como emanaciones espontáneas de la sociedad no sujetas a constricción, tenían en el funcionamiento y estabilidad del sistema político[16].

Otra forma de entender la adopción de las decisiones públicas se encuentra en el modelo que vio la luz en la década de los años ochenta cuando una nueva corriente de reflexión en la ciencia política dio lugar al concepto de *policy network* o red de políticas públicas. Esta noción, como tantas otras en nuestra disciplina, cuenta con diferentes interpretaciones u orientaciones:

La primera asume la idea de red de políticas públicas de forma metafórica. Habiendo aceptado que la diversidad de arreglos que en la actualidad se dan en torno al proceso de formación y aplicación de las políticas públicas hace necesario desarrollar nuevas conceptualizaciones, algunos de los autores de los enfoques tradicionales plantean la idea de red de políticas públicas como una *metáfora descriptiva*. (…) Una segunda línea interpretativa va más allá y concede un valor explicativo al enfoque de la red de políticas públicas, al considerarlo una forma específica de gobierno. A diferencia del primero, desestima la relevancia de las explicaciones *macro*. Su perspectiva parte de la creencia de que las sociedades modernas se encuentran actualmente fragmentadas en diferentes subsistemas cerrados y autónomos que funcionan como campos autorreferidos, lo que dificulta las posibilidades de abordar perspectivas globales. La tercera alternativa rechaza el uso metafórico por considerarlo una subutilización de las posibilidades conceptuales de la red de políticas públicas. Asimismo, también se asumen las carencias explicativas de los planteamientos teóricos surgidos alrededor de la idea de red de políticas públicas, debido, principalmente, a su naturaleza estática. Comprender la lógica sistémica de las redes de políticas públicas exige añadir el elemento temporal [17].

Ya identificamos un problema y hasta hemos formulado una solución. Ahora, lógicamente, queda implantar la solución.

La implantación de las políticas públicas: en esta etapa las instituciones u organizaciones responsables ejecutan la decisión adoptada. Se trata de la etapa más crítica en la que tal decisión puede sufrir cambios, retrasos o, incluso, bloqueos.

A la hora de implantar políticas públicas y, por tanto, tomar decisiones, es destacable tener en cuenta dos tipos de modelos: el *top-down* y el *bottom-up*.

Grosso modo podemos argumentar:

> El enfoque *top-down* parece tener una ventaja comparativa en situaciones en las cuales: 1) existe una pieza de legislación dominante que estructura la situación, o cuando 2) los recursos para la investigación son muy limitados, el investigador se encuentra interesado de manera principal en respuestas promedio y cuando la situación se encuentra estructurada al menos moderadamente bien. En contraste, el enfoque *bottom-up* es más apropiado en situaciones en las que 1) no hay una pieza dominante de legislación, sino un gran número de actores con dependencias de poder; o en las que uno está principalmente interesado en la dinámica de las diferentes situaciones locales[18].

En cualquier caso, los teóricos del enfoque *top-down* como los del enfoque *bottom-up* coinciden: "Acerca de la complejidad del proceso de implementación y la presencia de un buen número de variables o factores que están involucradas, y no solo factores burocráticos"[19].

Sin embargo, por muy extraño que le parezca a muchos gestores públicos, ¡toda acción pública debiera conllevar su evaluación para ver si ha sido —o no— eficaz, eficiente y económica! La evaluación de las políticas públicas implementadas permitirá saber en qué medida la *policy* implementada ha sido eficaz, eficiente y económica.

En primer lugar, definamos los tres conceptos fundamentales para determinar en qué medida se lograron los objetivos de una política pública.

Eficacia es la capacidad de que una política pública implementada consiga alcanzar la meta u objetivos para la que ha sido predispuesta. *Eficiencia* es la relación existente entre la implantación o producción de la política pública y la cantidad de recursos que se han destinado para lograrlo. Así, podemos considerar que una política pública es más eficiente cuando se consiga implementar utilizando el menor número posible de recursos. Y *económica* se refiere a que la implementación de la política pública originó una situación en la que los recursos se han asignado o distribuido de la manera más óptima posible y con el menor desperdicio.

La evaluación de las políticas públicas es, desde luego, una etapa fundamental, pero que, como te decía, en muchas ocasiones se omite. Una política pública, máxime cuando para implementarse usa recursos de los contribuyentes extraídos coactivamente vía impuestos usando la *violencia legítima* del Estado, se debe valorar o evaluar no por sus bonitas y nobles intenciones —como se acostumbra a hacer—, sino por el resultado eficaz, eficiente y económico que *de facto* consiguió la política —o no— tras su implementación. Y tan importante considero tal evaluación que me gustaría incidir en ello. Si eres político, por favor, presta atención.

Para un correcto análisis de las políticas públicas, es indispensable una evaluación que suministre información de base para entender si las políticas públicas que se están aplicando están siendo eficaces y eficientes.

Según el Ministerio de Administraciones Públicas (MAP) de España, la evaluación es el proceso sistémico de observación, medida, análisis e interpretación encaminado al conocimiento de una intervención pública, sea esta una norma, programa, plan o política pública, para alcanzar un juicio valorativo basado en evidencias, respecto de su diseño, puesta en práctica, efectos, resultados e impactos. En suma, la finalidad de la evaluación es ser útil a los decidores, a los gestores públicos y a la ciudadanía en general.

Autores como Jean Leca entienden que la evaluación es "la actividad de recolección, análisis e interpretación de la información, que tiene que ver con la puesta en marcha y el impacto de las medidas que buscan actuar sobre una situación social, así como la preparación de nuevas decisiones"[20].

William Dunn, por su parte, argumenta esto:

> La función más importante de la evaluación es proporcionar información acerca del desempeño de las políticas públicas, es decir, permitir detectar las discrepancias entre el desempeño real de las políticas públicas y el esperado, y su contribución al alivio de los problemas públicos[21].

No cabe duda de que la evaluación de las políticas públicas es una cuestión necesaria en cualquier país desarrollado y democrático; es más, en España, incluso, se le dedica un artículo de la Constitución, ¡sí, hasta un artículo de la CE!, a establecer la obligación que nuestros políticos tienen con la asignación responsable de recursos públicos (o, más bien, recursos del contribuyente). El artículo 31.2 dice así: "El gasto público realizará una asignación equitativa de los recursos públicos y su programación y ejecución responderán a los criterios de eficiencia y economía". Y sin la pertinente evaluación de las políticas públicas no podremos conocer si, en efecto, ese gasto público ha sido ejecutado bajo los criterios de eficiencia y economía.

La Ley General Presupuestaria española es todavía más contundente y clara. En su artículo 72 sentencia: "Encomendando al Ministerio de Hacienda, en colaboración con los distintos centros gestores de gastos, el impulso y la coordinación de la evaluación continuada de las políticas de gasto, con la finalidad de que las mismas alcancen sus objetivos estratégicos y el impacto socioeconómico que pretenden".

Un paso previo para cualquier evaluación de las políticas públicas es la obtención de información.

> La información es clave en la actividad de cualquier organización (pública o privada) para realizar las tareas de planificación, ejecución y control. Como no podía ser de otra forma, la información es también un requerimiento absolutamente esencial para la evaluación de resultados. En este sentido, el sector económico ha sido y es pionero en sistemas de información. (…) Los dos tipos de información que actualmente se utilizan con mayor frecuencia para realizar evaluaciones son datos de encuestas y datos de registros[22].

Cuando hablamos de evaluación de las políticas públicas, con cierta normalidad se entiende aquella evaluación que inicia tras la aprobación de la política, pero ciertamente no solo hay ese tipo o enfoque de evaluación.

> La evaluación que se realiza en el momento previo a la puesta en práctica de las políticas públicas o ex antes, normalmente consiste en una valoración de la conveniencia de la intervención y en una primera estimación de sus posibles efectos. Este tipo de evaluación se lleva a cabo, generalmente, por la necesidad de disponer de información para discernir entre diferentes políticas sobre la base de los objetivos que con las mismas se pretendan alcanzar. (…) Las evaluaciones que se realizan tras la puesta en práctica de una reforma, un proyecto o una política se denominan evaluaciones de impacto o ex-post. Por supuesto, si se ha iniciado la reforma o proyecto aunque no haya concluido se pueden llevar a cabo evaluaciones de impacto intermedias que suelen utilizarse para tomar decisiones acerca de la oportunidad de continuar o retirar dicha medida[23].

A pesar de todo, son muchos los casos de implementación de políticas públicas en los que no se realiza ningún tipo de evaluación. Ni antes, ni después, ni nunca. Nada de nada. Y como todo en esta vida, el ciclo de las políticas públicas no está exento de críticas por parte de algunos autores. Veamos.

La principal crítica es, precisamente, la inutilidad explicativa que poseen en la actualidad los desfasados modelos del ciclo de las políticas. La realidad político–social está en continua transformación y, desde luego, los modelos explicativos deben transformarse al compás. En este sentido, Robert Nakamura denominó despectivamente al ciclo de las políticas como el "concepto de libro de texto del proceso político", considerándolo "impreciso y simplista"[24]. Un poco más extensa en su crítica es Saetren, quien asegura lo siguiente:

> Los mismos académicos del campo de las políticas comenzaron a expresar dudas sobre la posibilidad de segmentar claramente el proceso político en etapas discretas que progresaban secuencialmente desde la definición de la agenda, a través de la adopción, la implementación y las etapas siguientes. Se acusó a la metáfora de las etapas de simplificar en exceso y, por tanto, de tergiversar un proceso político más complejo y recursivo[25].

Es decir, que el ciclo de las políticas públicas es un modelo irrealista.

Para Jann y Wegrich, el modelo que explica la producción de políticas públicas tiene un claro problema, y es ser muy simplista:

> El ciclo político se basa en una concepción idealizada y racional con una perspectiva *top-down* implícita que tiende a centrar la atención en decisiones y programas individuales y en la adopción e implementación formal de esos programas. Ignora los aspectos del proceso político que no están relacionados con la resolución de problemas y, en general, conduce a una visión excesivamente simplista[26].

A pesar de las críticas que recibe, cabe decir, el modelo de ciclo de las políticas públicas es el más extendido en la actualidad para analizar su formulación e implantación.

Seguramente en estos momentos, si no estabas habituado a leer teoría política, te esté estallando la cabeza. No te preocupes, es normal. Nos pasa a todos.

Pero si algo me gustaría que se entendiese es que, tras una política pública, hay todo un proceso que implica tiempo, mucho tiempo; recursos del contribuyente, muchos recursos; y personas, muchas personas. Más de las que debieran.

Un ejemplo de política pública: la política industrial

Un ejemplo vale más que mil palabras. Y si es un buen ejemplo, todavía más.

Pero, antes de nada, algo que no te conté: tras ese duro primer año de carrera empecé mi segundo curso en la Universidad, y por si fuera poco, también comencé a trabajar en lo que más me gusta, la comunicación.

Ciertamente trabajar y estudiar al mismo tiempo no es nada fácil. Tienes que robarle muchas horas a la diversión o al descanso y, aun así, no te llegan las veinticuatro horas al día. Pero, ¿sabes qué?, si pudiera regresar atrás no cambiaría nada.

Trabajar mientras estudias, máxime si es en lo que te gusta y para lo que te estás preparando, es fundamental para la motivación e igualmente para tu futuro. Darle sentido práctico a todo aquello que de forma teórica adquieres durante las interminables horas de lecciones magistrales lógicamente te ayuda a mantener la disciplina académica, a perseverar, a no desfallecer en el intento y, en suma, a divertirte. Trabajar en lo que te apasiona es como estar de vacaciones permanentes.

Pero no es fácil encontrar trabajo y requiere, en parte, cierta suerte. España es, ya sabes, un país que ocupa siempre —y desgraciadamente— los primeros puestos en desempleo de toda la Unión Europea. Somos los mejores en ser peores. Esta es la realidad. Y es normal cuando no se entiende que quienes crean los empleos son, opinan algunos, los "malvados y avariciosos empresarios con puros en la boca que quieren acabar con los trabajadores explotados", y por ello se les pone todo tipo de trabas fiscales, burocráticas y laborales. Dos más dos son cuatro. Cuando dar de alta una empresa en España te lleva meses (a diferencia de días, como ocurre en otros países de nuestro entorno) y, además, una vez creada te *fríen* a impuestos, pues, sinceramente, a nadie le entran muchas ganas de emprender. O lo que es peor: las grandes empresas valorarán otras posibilidades donde expandirse. Y no en España. Lo que está claro es que quienes crean riqueza y así han permitido el progreso de la sociedad son los empresarios, que han arriesgado parte de su capital —cuando no todo— en perseguir una oportunidad de mercado bajo una iniciativa o idea empresarial. Los empresarios y sus trabajadores, porque no hay empresario sensato que vaya en contra de sus productivos trabajadores. No hay nadie más interesado que el empresario, por mucho que se diga, en mantener —y en buenas condiciones laborales— a aquellos trabajadores que le son productivos a la hora de conseguir su objetivo empresarial. Ningún empresario está interesado en maltratar laboralmente a sus trabajadores. Y si lo hubiera, ese empresario está abocado al fracaso.

Y, por cierto, ya que estamos hablando de este tema, no quiero dejar pasar la oportunidad de señalar que los salarios no se suben por decreto del Gobierno de turno, los salarios se suben 1) tratando de conseguir el ideal de pleno empleo y 2) ocasionando, de tal forma, que las empresas compitan entre sí —en un escenario de mucha demanda laboral y poca oferta— por unos trabajadores que reclamarán para sí buenos salarios y ventajas laborales.

En muchas ocasiones hemos escuchado las maravillas que se producirán tras la subida del salario mínimo interprofesional y en muy pocas se contempla que de tal subida pueda desprenderse efectos claramente negativos para las clases más desfavorecidas y para los propios consumidores, en general.

La subida del SMI, por tanto, podría producir efectos negativos devastadores para los más desfavorecidos (aquellos a los que, supuestamente, pretende ayudar el SMI) y llevar a los empresarios a que: 1) despidan a aquellos trabajadores que tengan una productividad menor —jóvenes, discapacitados, inmigrantes...—; 2) traten de compensar tal subida haciendo que sus trabajadores tengan que trabajar de manera más intensa, y 3) retiren algunos complementos salariales que esos trabajadores tenían. Además, recuerda que a la subida del SMI se vinculan directa e indirectamente muchos otros costes (del que ya supone el propio SMI), tales como el pago a la Seguridad Social, las catorce pagas que incorpora el SMI, el coste esperado del despido y su consecuente indemnización, el mes de vacaciones y un sinfín de pagos más que, desde luego, no incentivará la creación de empleo.

No hay etapa histórica pasada en la que hubiera menos pobreza que hoy. Año tras año el nivel de pobreza, sobre todo la extrema, no para de decrecer. Y todo gracias al progreso tecnológico y social que conllevó un pujante capitalismo que se implantó antaño.

Hablando de trabajo y empresas, quizás de lo más escuchado en España por parte de políticos, tertulianos o periodistas, es que tenemos que industrializar España. Pues he de decir que tras esa tan ansiada industrialización de España hay toda una política pública industrial. Es un ejemplo perfecto para llevar al terreno práctico lo que explicaba en el capítulo anterior. Y la pregunta del millón: ¿es realmente un deber irrenunciable e inquebrantable industrializar España? Por partes. En primer lugar, debemos definir el concepto de *política industrial*. Y no es tarea fácil, como nada en ciencia política. Para un primer acercamiento al concepto, podemos argumentar que la política industrial es...

> una actividad abierta y cooperativa entre el sector público y los agentes económicos y sociales, donde las iniciativas y responsabilidades, de cara a la modernización del tejido industrial, corresponden a las empresas, que son las verdaderas protagonistas del cambio, mientras que a los poderes públicos les incumbe adaptar el marco jurídico y económico a las necesidades vigentes con el fin de favorecer el desarrollo. La intervención sectorial directa debe considerarse como coyuntural y transitoria y solo cuando se trate de industrias de interés preferente o estratégico para el país[27].

Asimismo, podemos clasificar las políticas industriales en dos tipos:

a. Políticas industriales horizontales: aquellas destinadas a aumentar la productividad general del país bajo la promoción de un marco macroeconómico favorable para la creación y dispersión de la industria, el favorecimiento de la innovación tecnológica y la formación de capital humano, que, a su vez, radique en facilitar la iniciativa empresarial (creación de empresas).

b. Políticas industriales sectoriales: aquellas políticas públicas destinadas a favorecer y fortalecer las condiciones de crecimiento de uno o varios sectores industriales y cuyo *despegue* o recuperación se entiende como un beneficio general.

Teniendo estas cuestiones en cuenta, ya podemos introducir los objetivos que la Unión Europea persigue en cuestiones de política industrial y que afectan de lleno, por ser un país miembro, a España.

Así, podemos considerar lo siguiente:

La política industrial es de carácter horizontal y tiene por objeto instaurar unas condiciones marco que favorezcan la competitividad industrial. Asimismo, está bien integrada en otras políticas de la Unión, como las relacionadas con el comercio, el mercado interior, la investigación y la innovación, el empleo, la protección del medio ambiente y la salud pública. La política industrial de la Unión está específicamente encaminada a: 1) acelerar la adaptación de la industria a los cambios estructurales; 2) fomentar un entorno favorable a la iniciativa y al desarrollo de las empresas en el conjunto de la Unión, en particular de las pequeñas y medianas empresas; 3) promover un entorno favorable a la cooperación entre empresas; y 4) favorecer un mejor aprovechamiento del potencial industrial de las políticas de innovación, de investigación y de desarrollo tecnológico[28].

Con la adopción de la denominada Agenda 2030, todos los objetivos encaminados a mejorar, adaptar e instaurar una política industrial —y otras políticas públicas— se han modificado en pro de la *mundialización* de la economía, bajo el inexorable paraguas de la globalización. En este sentido, el propio Gobierno de España deja claros los retos que hay que seguir:

La industria manufacturera (excluido el sector energético) representa 12,3 % del valor añadido bruto de la economía española, un porcentaje inferior a los países de nuestro entorno. Ello supone un elemento de vulnerabilidad, dada la mayor resiliencia mostrada ante la crisis financiera y la actual crisis sanitaria, así como una mayor productividad que otros sectores. Se atribuye a la industria un 83 % de la exportación total española y ostenta las mayores ratios de estabilidad en el empleo y mayores salarios respecto al resto de sectores económicos[29].

Así,

> Los principales retos a los que se enfrenta la industria y a los que responde este componente son: 1) la transformación digital basada en los datos en el ámbito de la industria y los servicios, 2) el refuerzo de su peso en la economía española y el aumento de la dimensión de las empresas industriales, y 3) la mejora de la eficiencia en la gestión del agua, los residuos, la energía y de los recursos, emisiones y energías renovables en el marco de la economía circular[30].

Hasta aquí todo bien. Pero ¿cómo pretende el Gobierno de España conseguir tales deseos? La respuesta es simple: aumentando el gasto público e interviniendo el mercado y la iniciativa empresarial.

En lo relativo a la digitalización:

> El principal reto lo constituye la necesidad de una transformación digital basada en los datos en el ámbito de la industria y los servicios. La puesta en marcha de grandes espacios de datos comunes industriales y seguros ayudará al impulso de la innovación empresarial para la digitalización avanzada basada en datos. Esta apuesta por el uso intensivo de los datos permitirá a las empresas afrontar en mejores condiciones la digitalización y la automatización para la optimización en coste, en calidad y en eficiencia de los procesos productivos[31].

En lo relativo a la propia industria:

> Es necesaria una actuación pública que impulse la productividad de la industria y la prepare para los retos de la digitalización, la transición ecológica y eficiencia energética, con proyectos tractores y transformadores que permitan movilizar a todos los componentes de los ecosistemas de oportunidad[32].

El Gobierno de España avisa de la obligatoria necesidad de que las industrias reduzcan el consumo de energía porque el tejido industrial español se caracteriza por ser un gran consumidor de energía, representando en la actualidad el 23,5 % del consumo nacional, tal y como se recoge en la Estrategia a Largo Plazo para una Economía Española Moderna, Competitiva y climáticamente neutra en 2050[33]. En este sentido, las empresas industriales deben reducir sus emisiones y primar el uso de fuentes renovables y, al mismo tiempo, asegurar su competitividad en todo el mundo.

Pero, teniendo en cuenta que las energías renovables todavía están en fase de desarrollo y mejora, y no suplen con las necesidades y exigencias de cualquier empresa industrial media, y que, además, la *verde,* barata y verdaderamente segura energía nuclear está sufriendo, ya desde hace muchos años —con la *moratoria nuclear*—, un descrédito significativo y absoluto rechazo por parte de algunos países (como España) y que no se está potenciando, entonces, ¿cómo van a poder las empresas industriales e industrializadoras de la economía conseguir todo lo que propone el Gobierno? Pues todavía no se sabe.

> El diseño e impulso de una economía sólida, que busca la sostenibilidad en el medio y largo plazo y que basa su desarrollo en tecnologías cada vez más eficientes en el uso de los recursos, en la reducción de las emisiones y que prima el uso de las fuentes renovables de energía y la mejora continua de los procesos y las capacidades industriales para incrementar la eficiencia energética, pasa por mantener y acompañar a la actividad industrial en la búsqueda de nuevos desarrollos tecnológicos, fomentando su capacidad innovadora y su potencial de descarbonización, a la vez que se asegura su competitividad a nivel global[34].

En lo relativo a la economía circular y la producción de residuos que toda industria conlleva, el Gobierno de España advierte:

Hay que tener en cuenta que España se enfrenta a un riesgo de incumplimiento de los objetivos europeos en materia de residuos, riesgo ya detectado por la propia Comisión en 2018 en su "Informe de alerta temprana" (Comisión Europea, 2018). De conformidad con este informe, España es uno de los Estados miembros que corren el riesgo de no alcanzar la meta de la UE de reciclar el 50 % de los residuos municipales para 2020. Efectivamente, los últimos datos disponibles, la tasa general de reciclado municipal en España fue del 34.8 % en 2018[35].

Y la solución deviene en más intervención e inversión del dinero del contribuyente extraído coactivamente vía impuestos:

[Hay necesidad] de inversión para cumplir los objetivos comunitarios de residuos en todos los Estados miembros. En el caso de España, se ha estimado que la inversión de capital necesaria para alcanzar las metas de reciclado de la UE asciende a 2457 millones de euros para el conjunto de España entre 2021 y 2035 (Eunomia, Comisión Europea, COWI, 2019). El estudio de la COM analiza la situación de partida de cada Estado miembro y las necesidades de inversión en el sector de los residuos para alcanzar los objetivos establecidos en el paquete normativo de economía circular[36].

En conclusión, teniendo en cuenta el Plan de Recuperación, Transformación y Resiliencia dispuesto en junio del 2021 por el Gobierno de España, ya podemos tener en cuenta 1) los retos y objetivos que persigue el Gobierno de España y la Unión Europea, 2) que la consecución de tales objetivos pasa por la intervención pública directa o indirecta en la economía, 3) que requiere de una gran inversión pública que se estima en 6106,5 millones de euros[37], 4) que, a pesar de ello, no está nada claro cómo se materializará la consecución de los objetivos y 5) que en efecto, en no pocos casos esos objetivos no se están cumpliendo, al menos por el momento.

La política industrial, como hemos visto, conlleva intervención estatal, esta es precisamente su base. Profundicemos en el asunto. Bajo esta idea clave se esconde una creencia que parece fielmente asentada en el imaginario social y difícilmente es cuestionada: los Gobiernos tienen la capacidad de contribuir eficazmente a la industrialización y esta, a su vez, derivará en un crecimiento y desarrollo económico que acabará por beneficiar a la sociedad en su conjunto.

Si bien podemos decir que la revolución industrial se inició en Inglaterra, la historiadora Phyllis Deane lo tiene claro: "La primera revolución industrial ocurrió en Gran Bretaña, y es de particular interés porque ocurrió espontáneamente, sin la asistencia gubernamental que ha sido característica de la mayoría de las revoluciones industriales exitosas"[38].

Es realmente destacable la contundencia con la que la historiadora y tantos otros académicos, políticos y *opinadores,* antaño y en la actualidad, afirman el papel determinante y no contingente de los Gobiernos en la puesta en marcha de la industria y de tantas otras mejoras de la sociedad.

Máxime teniendo en cuenta que en las ciencias sociales, en prácticamente ningún caso podemos aislar en un laboratorio un fenómeno o muestra objeto de estudio, aplicarle unas condiciones diferentes a la de la población y ver qué resultados diferentes ocurrirían de no haber sido afectados por aquellos otros estímulos o condiciones.

Mucho me temo que ni Phyllis Deane ni ningún otro investigador social, académico o político ha sido capaz de establecer la hipótesis explicativa de que sin la asistencia o intervención del Gobierno la Revolución Industrial o demás desarrollos industriales acaecidos a lo largo de la historia no hubiera sido posible —o no tan posible—, luego realizar una investigación empírica recabando datos que refuten o validen tal hipótesis explicativa (aislando a una muestra de personas que no hayan tenido los efectos de la intervención de un Gobierno para compararla con la población que sí que la tuvo), y que, finalmente, concluyan una teoría tan contundente como las palabras de tantos académicos defendiendo vehementemente la intervención estatal de la forma en la que lo hacen.

Es más, todos aquellos que consideran que las ciencias sociales se deben acercar en concepción y forma —o que directamente no hay diferencia entre ambas ciencias—, y que la actuación de un individuo se puede explicar vía ecuación matemática, debieran intentar la investigación de laboratorio anteriormente expuesta y que es modelo de las ciencias naturales. El fracaso en la búsqueda de tal teoría está servido.

Y, en efecto, esta forma de entender la toma de decisiones en el proceso político se conoce como *modelo racionalista*. El académico Andy Constantin Leoveanu lo define tal que así:

> El fundamento del modelo racional son teorías racionalistas y estas se basan en el racionalismo iluminista y el positivismo, corriente que promovía formas de conocimiento objetivo y neutral sobre la sociedad humana. En la base de estos problemas se encuentra la idea de que la sociedad humana puede y debe diseñarse de manera racional y científica, recopilando toda la información que se pueda sobre el problema, procesándola y obteniendo la solución al aplicar la respuesta más eficiente, desde el punto de vista del coste[39].

Y, como es entendible, esta concepción de planificación y toma de decisiones políticas requiere: 1) de un completo análisis de los problemas que solucionar y de los objetivos que perseguir; 2) de una documentación, búsqueda de información exhaustiva y realización de pruebas científicas; 3) de la búsqueda de alternativas y su análisis coste-beneficio correspondiente; 4) de la selección de la solución más eficaz y eficiente; 5) la implementación de las solución o política pública racional; 6) evaluación de tal política pública, y 7) adopción de ajustes si estos fueran necesarios.

No hace falta ni tan siquiera apuntar que, en muy pocos casos, más bien ninguno, se aplican estos pasos —porque, entre otros motivos, es humanamente imposible— para tratar de implementar una política pública racional que medianamente siga una lógica.

Pero existe una lógica alternativa. Atentos.

Herbert Simon propuso la *racionalidad limitada*. Así, habiendo entendido que la toma de decisiones no siempre seguía el racionalismo que desde el punto de vista metodológico, siquiera, se presuponía, y partiendo del individualismo metodológico, argumentó:

> La racionalidad absoluta es inalcanzable por tres razones: 1) requiere un conocimiento completo y una anticipación de las consecuencias que van a seguir de cada elección; 2) ya que las consecuencias pertenecen al futuro, la imaginación tiene que suplir la falta del sentimiento experimentado al darles valor. Pero los valores solo pueden anticiparse imperfectamente; 3) requiere una elección entre todas las posibles comportamientos alternativos. En el comportamiento real, solo se tienen en cuenta unas pocas de esas posibles alternativas [40].

Y siguiendo en su obra *El comportamiento administrativo*, Simon sentencia: "La teoría administrativa es, particularmente, la teoría de la racionalidad intencionada y limitada del comportamiento de los seres humanos que se dan por satisfechos porque no tienen la inteligencia necesaria para conseguir el máximo" [41].

En este preciso sentido, Simon elude a tres limitaciones racionales presentes en la toma de cualquier decisión: 1) incertidumbre sobre las consecuencias que seguirán a cada alternativa por elegir; 2) información incompleta sobre las alternativas; 3) y complejidad, que evita que se realicen los cómputos necesarios.

Ahora pasemos a un asunto más práctico y, quizás, también más interesante: ¿cómo se forjó la industria en España? España pertenece a lo que se denomina *segunda generación* de países industriales de Europa. Destaca su tardía incorporación a la órbita industrializadora que despegó en la primera Revolución Industrial. Cabe destacar que el inicio del proceso industrializador es un punto de inflexión desde el punto de vista de la economía, por supuesto, pero también desde el punto de vista político, social y organizativo.

> La industrialización marca un giro respecto al modo de organización, producción y trabajo, es decir, genera un nuevo estilo de vida, sobre todo en las sociedades caracterizadas por el cultivo de la tierra y la manufactura. Estudios en la materia señalan a la Inglaterra de finales del siglo XVIII como el lugar de origen de la revolución industrial y del uso de la maquinaria[42].

En el primer periodo, que podemos situar entre los años 1840 y 1931, España fue mayoritariamente productor y exportador de materias primas, con un especial comercio con Europa Central. A partir de mediados del siglo XIX ya se fue progresivamente incorporando como productor de bienes industriales.

España, como decíamos, fue un país rezagado. También en insertarse en la segunda etapa de la denominada *revolución tecnológica,* aunque, con una especie de milagro —el milagro económico español— consiguió recuperarse fugazmente entre los años 1932 y 1974, marcados por el contexto político y social de la dictadura de Francisco Franco.

El proceso de industrialización de España ofrece rasgos que son absolutamente peculiares dentro de la tendencia general del desarrollo económico de Europa occidental en los siglos XIX y XX. Estos rasgos pueden sintetizarse así: a) fuerte regionalización de los grupos industriales, por lo menos hasta la fecha reciente; b) dependencia de la expansión de tales grupos —a excepción de la industria textil— de las iniciativas o de las inversiones extranjeras, por lo menos en sus etapas iniciales; c) eliminación de la competencia extranjera gracias al principio de mercado reservado y la aplicación de altas tarifas aduaneras; d) dependencia del extranjero por lo que se refiere a materias primas, utillaje e innovaciones técnicas y e) sumisión de la industria a las fluctuaciones de la actividad agraria del país, principalmente de riqueza del mismo hasta los umbrales de la actualidad[43].

Así, una de las más importantes características de la industrialización española es, en efecto, que se distribuye a lo largo del país. Las regiones que la lideraron y que se convirtieron en el motor de la economía de España son Barcelona, la vertiente septentrional vasca y sus áreas lindantes. El resto de las regiones sirvieron como abastecedores de materias primas y de energía, principalmente.

La industrialización de España es cosa de nuestro tiempo. Esta eclosión tan tardía no se ha producido de pronto, sino que ha venido como remate de un proceso extraordinariamente dilatado que hinca sus raíces en la primera mitad del siglo XIX (algunas, incluso, a fines del XVIII). El caso español es menos el de un *late joiner* que el de un intento, abortado, de figurar entre los *first comers*. El fracaso de la revolución industrial en la España decimonónica es un punto acerca del cual prácticamente todos estamos de acuerdo[44].

Como apuntábamos, Barcelona tuvo un importante protagonismo en la historia industrial de España:

En 1758 se constituyó en Barcelona la Junta de Comercio, cuyas actuaciones básicas fueron, por un lado, el fomento de toda clase de mejoras, inventos y estudios, y por otro, la formación de técnicos capacitados y de especialistas y operarios expertos, preocupación esta que tuvo brillante extensión en la esfera de las artes y las letras. (…) Esteban Canals y Buenaventura, emprendedores de la época, secundados por un técnico suizo, construyeron en Barcelona la primera fábrica moderna de indianas, sentando así los fundamentos de una industria que resultaría decisiva para el desarrollo de la ciudad. En 1738 estaban en posesión de doce telares y setecientos moldes de estampado. En 1741 Felipe V les concedió exención de impuestos y gravámenes, y su sucesor, Fernando VI, favoreció igualmente a otros fabricantes con las mismas gracias en los años siguientes[45].

Bien, ya conocemos superficialmente —te invito a que amplíes toda esta información que propongo— el pasado de nuestra industria. Pero te preguntarás: ¿cuál es su presente? Veamos. Casi 200 000 empresas, concretamente 192 555 —a fecha de 1 de enero del 2021— tienen actividad industrial en España, lo que representa el 5,7 % del total del tejido empresarial en nuestro país[46].

Si tenemos en cuenta el tamaño de las empresas según su número de asalariados, las empresas con actividad industrial ocupan un sector prominente entre aquellas que tienen veinte o más asalariados. Esto es, la importancia de la industria es comparativamente mayor en el conjunto de empresas medianas y grandes. En este sentido, y siguiendo con los datos que nos aporta el DIRCE, del total de empresas con veinte o más asalariados (un total de 66 678), el sector industrial posee 15 505 empresas, frente a las 7338 del sector de la construcción o las 10 335 del sector comercio.

Otro de los aspectos sustanciales que comentar para hacer una radiografía del sector industrial, en la actualidad, es precisamente su aportación al conjunto de la economía española. Así, en el año 2021 el peso de la industria en España (% del PIB) es del 20,5 %, teniendo en cuenta los datos que nos aporta el Banco Mundial[47]. En todo caso, si tenemos en cuenta la aportación al PIB de la industria en España y su evolución histórica, nos daremos rápidamente cuenta de su abrupta pérdida de peso en los últimos años. Ciertamente el futuro de la industria en España es bastante negro:

> El sector industrial afronta una década negra en el que perderá más de 200 000 trabajadores. Hasta 2030, la industria extractiva y, principalmente, manufacturera perderá 218 000 puestos de trabajo, según recoge el Observatorio de Formación Profesional de CaixaBank Dualiza y Orkestra-Instituto Vasco de Competitividad, a partir de Cedefop y los datos de encuesta de población activa del INE correspondiente al año 2020. Las previsiones del mercado laboral recogidas por el organismo estiman una variación superior a ocho puntos porcentuales en el periodo comprendido entre 2021 y 2030[48].

Y todo ello a pesar de la previsión de aumento de la población ocupada: "El sector manufacturero, así, se convierte en uno de los nichos más afectados por el horizonte laboral". En conjunto, en 2030 la población ocupada aumentará en 1,3 millones de personas con respecto a 2020, pero la industria no tendrá un salto neto positivo al término de la presente década[49].

Si comparamos la caída de la industrialización en España con lo ocurrido en el resto del mundo (% del PIB) la sorpresa es que, en datos agregados, el sector manufacturero cayó en picado a partir del año 1991 hasta iniciar una leve —pero contundente— mejora a partir del año 2020.

A pesar de la reducción de la importancia o peso de la industria en España...

la evolución sectorial del empleo en España demuestra que la importancia relativa de la industria se reduce desde hace tres décadas, ante el rápido crecimiento de los servicios, aunque sigue generando muchos más puestos de trabajo que el sector agrario. Aunque eso no significa que haya disminuido la producción obtenida, pues aumenta con rapidez la productividad industrial por empleado, debido sobre todo a las mejoras tecnológicas (mecanización, automatización) y a una mejor organización del trabajo en las empresas[50].

La distribución espacial de la industria en España refleja grandes y notorios contrastes entre las diferentes provincias tanto por: 1) las personas ocupadas, 2) la producción obtenida o 3) las inversiones de capital que deben hacer las empresas (para renovar maquinaria, pagar salarios, adquirir insumos...): "Esa desigual localización no es casual, sino que se relaciona con la presencia de factores que atraen a las empresas hacia determinados territorios y no hacia otros: buenas comunicaciones, recursos naturales, áreas urbanas con mucha mano de obra y capacidad de consumo, cultura empresarial, etc[51].

Más concretamente...

las principales concentraciones industriales en España están en las provincias de Barcelona y Madrid, que suman en conjunto más de una tercera parte de los ocupados y la inversión industrial en España. Les siguen en importancia algunas provincias situadas en el eje del Ebro (Zaragoza, Navarra) y las del País Vasco, junto a otras localizadas en el eje del Mediterráneo (Valencia, Alicante) y Sevilla. Por el contrario, la menor industrialización corresponde a los dos archipiélagos y a buena parte de las provincias interiores, con algunas excepciones como Valladolid, Burgos o Toledo[52].

Pero, atención, evidentemente la covid también influyó, y de lleno, en la industria.

El coronavirus no solo ha impactado en nuestras vidas tanto a nivel físico como psicológico, sino que también, y de lleno, en una economía mundial —y, en concreto, la española— que apenas se había recuperado de los efectos de la crisis oficialmente iniciada en el año 2008.

El impacto súbito y generalizado de la pandemia del coronavirus y las medidas de suspensión de las actividades que se adoptaron para contenerla han ocasionado una drástica contracción de la economía mundial, que, según las previsiones del Banco Mundial, se reducirá un 5,2 % este año (2020). De acuerdo con la edición de junio de 2020 del informe sobre perspectivas económicas mundiales del banco, sería la peor recesión desde la Segunda Guerra Mundial, y la primera vez desde 1870 en que tantas economías experimentarían una disminución del producto per cápita[53].

En cuanto a la producción mundial...

la producción china ya se ha visto sustancialmente afectada por el cierre de las industrias en la provincia de Hubei y otras zonas de vital interés para las exportaciones de componentes chinos. En consecuencia, la desaceleración china ha tenido un efecto colateral inminente sobre los niveles de producción de los principales exportadores de este país: Estados Unidos, Hong Kong, Corea del Norte y Japón[54].

En cuanto a las finanzas...

las perturbaciones temporales en la producción de bienes y componentes podrían poner en tensión a algunas empresas, en particular a las que tienen una liquidez insuficiente. El impacto sobre los mercados se materializará en valoraciones negativas y en un aumento del riesgo. A su vez, el consiguiente aumento del riesgo se traducirá en posiciones de inversión que no serán rentables en las condiciones actuales, lo que debilitará aún más la confianza en los instrumentos y mercados financieros[55].

Centrándonos en la economía española, un dato sustancial que tener en cuenta y especialmente dramático es el de la caída del PIB en 2020: un descenso histórico del 10,8 %. Estamos hablando del segundo mayor retroceso de la economía desde 1936.

Es evidente que esta disminución del PIB ha sido principalmente la consecuencia de las intensas medidas de restricción de la actividad productiva y de confinamiento de la población que se adoptaron desde el 14 de marzo al 21 de junio de 2020, periodo en el que se impuso un primer estado de alarma[56].

En este sentido, cabe decir esto:

> Los sectores industriales no fueron los principales destinatarios de las medidas de confinamiento, pero, aun así, han debido enfrentarse a los efectos indirectos del cierre de muchas actividades de servicios, así como a los de reducción de la demanda de consumo, exportaciones y bienes de equipo. Se han enfrentado pues a un *shock* de demanda similar al que sufrieron con ocasión de la Gran Recesión, cuando aún no habían conseguido restablecer los niveles de producción anteriores a esta[57].

Teniendo en cuenta los datos proporcionados por la Contabilidad Nacional Trimestral de España, el valor añadido bruto (VAB) del sector industrial, esto es, el valor total —conjunto de bienes y servicios producidos en un determinado periodo de tiempo, descontando los impuestos indirectos y consumos intermedios— se redujo ya en el primer trimestre del año 2020 un 6,2 % y en el segundo un 27,8 %.

Las exportaciones de bienes se hundieron en ese periodo un 27 %, la demanda de bienes de consumo duradero un 37,3 %, a de inversión en maquinaria, bienes de equipo y armamento, un 33,2 % y a inversión en material de transporte, un 53,5 %.

Así pues, el año 2020, al igual que para la inmensa mayoría de sectores económicos, el sector manufacturero sufrió una estrepitosa recesión, sobre todo el primer trimestre (abril especialmente), para paulatinamente ir mejorando a finales del año.

Es preocupante, además, la progresiva pérdida de importancia de España en el marco de la industria europea:

> La importancia de España en la industria europea seguirá reduciéndose como ya sucedió durante la Gran Recesión, poniéndose cada vez más en riesgo la cuarta posición que ocupa después de la marcha del Reino Unido, ya amenazada por Irlanda y por Polonia, dos países que han conseguido un rápido desarrollo de sus industrias en el siglo actual, e incluso por los Países Bajos[58].

España tiene, desde luego, potencial industrializador, pero las nefastas políticas públicas que los Gobiernos han llevado a cabo para supuestamente incentivar la industria no han resultado. Más bien, sus intervenciones en la economía y los obstáculos burocráticos, y trabas legales y fiscales, que en España, de forma acusada, existen para materializar la iniciativa empresarial generan un perfecto caldo de cultivo que impide la correcta industrialización de España. Si se dificulta la creación de empresas manufactureras y se lastra la inversión extranjera con abultados impuestos, desde luego será difícil la industrialización de España.

Teniendo en cuenta todo lo anterior, respondamos a la pregunta del millón que te proponía al inicio de este capítulo: ¿merece la pena industrializar España? Son muchos los autores, políticos, periodistas, *influencers* y, en fin, todo tipo de especímenes político-sociales los que rechazan el actual tejido o sistema productivo español y ensalzan una industrialización en España. Pero ¿es este el mejor objetivo económico de futuro que debe perseguir el país del sol y las playas? Pues no. Me explico.

El prestigioso economista Juan Ramón Rallo argumentó en no pocas ocasiones que "reindustrializar el país (España) no es un enfoque adecuado". En este sentido, cabe argumentar que la industria en los países más ricos del mundo tiene actualmente un peso mínimo. Y sentencia en varias apariciones públicas que "el futuro pasa por los servicios y, sí, tenemos que ser conscientes de ello: el mundo se está desindustrializando".

> Las premisas más o menos ciertas desde 2007 han sido: 1) España tiene que modificar en profundidad un modelo productivo basado excesivamente en el consumo interno, la construcción y el endeudamiento exterior; 2) Ese nuevo modelo productivo lo hemos de encontrar en un mundo cada vez más especializado individual y territorialmente, sobre todo tras la aparición de nuevos y gigantescos centros de producción; 3) España tiene una mano de obra relativamente cara en relación con su productividad; 4) El marco institucional restante de España —electricidad cara, elevados impuestos, barreras institucionales, etc.— tampoco contribuye a que los empresarios encuentren claras oportunidades de negocio[59].

Con esta realidad político-económica son muchas las personas que entienden que España es sencillamente un país condenado a no tener peso ni competitividad en el mundo y que ni tan siquiera debería perder el tiempo en conseguirlo. Pero lo cierto es que deberíamos "prestar más atención a no tirar piedras contra nuestro propio tejado: hemos de avanzar mucho más rápido en el reajuste productivo y financiero de nuestra economía, y para eso necesitamos mercados mucho más libres y administraciones (e impuestos) mucho más pequeños"[60].

Cabe entender, además, que España es un país de pequeñas y medianas empresas:

> En España hay aproximadamente 3,5 millones de empresas, de las cuales sólo el 0,1 % califican como grandes empresas (más de 250 trabajadores). Pese a ser poco más de 3500 compañías, proporcionan más de cinco millones de empleos (el 37 % del total de empleo privado), han concentrado el menor porcentaje de despidos durante esta crisis y abonan un salario que es un 45 % superior al medio: el propio Instituto Nacional de Estadística constata que "el salario aumenta con el tamaño de la empresa", hasta el punto de que las empresas con más de 250 empleados ofrecen un salario que duplica el las compañías con menos de 10 trabajadores (en 2013, 2667 euros mensuales frente a 1329 euros)[61].

Y, entonces, si España es un país de pymes pero ciertamente las prácticamente inexistentes grandes empresas aportan empleo, crecimiento, dinamismo económico y, en fin, son positivas y competitivas, ¿por qué no hay más grandes empresas en España y se asume como correcto que más del 95 % de nuestro tejido productivo sean pequeñas y medianas empresas?

> El problema es que la legislación española, como también hacen otras legislaciones europeas, penaliza el crecimiento empresarial por dos motivos: el primero es que el Estado tiende a observar a las grandes empresas como si fueran vacas lecheras susceptibles de ser ordeñadas hasta el agotamiento, esto es, susceptibles de ser víctimas de cargas y obligaciones muy variadas; el segundo es que la legislación también contiene numerosas ventajas y exenciones en favor de las pymes, con el supuesto pretexto de favorecer su crecimiento. Pero, paradójicamente, toda esta maraña legislativa de palos para las grandes empresas y zanahorias para las pequeñas termina construyendo una red de incentivos perversos que estimulan a las pymes a que sigan siendo pymes.

No en vano, una pequeña empresa que aspire a convertirse en una gran empresa no solo deberá asumir los elevados riesgos vinculados al progresivo incremento de su actividad empresarial, sino que tendrá que hacer frente a todos los costes fiscales y regulatorios derivados de perder el estatus de pequeña o mediana empresa[62].

Y en este preciso sentido recordemos lo siguiente:

En un sistema de libre competencia, cada empresa podría intentar promover su plan de negocios orientado a generar valor para los consumidores. Con tal de lograrlo, previamente debería ser capaz de atraer a los factores productivos necesarios para implementarlo: por ejemplo, necesitaría fuentes de financiación (ahorradores que compartan con él su capital), trabajadores con distintos niveles de formación, proveedores de materias primas, energía y bienes intermedios, etc[63].

En contraste, ocurre lo siguiente:

Actualmente, sin embargo, no vivimos en un mercado empresarial libre, sino en uno controlado y regulado por el Estado. En este sentido, el Estado suele privilegiar a algunos empresarios de dos maneras: transfiriéndoles directamente el dinero de los contribuyentes (por ejemplo vía subvenciones, rescates estatales u obras públicas) u otorgándoles privilegios regulatorios, normalmente dirigidos a limitar la competencia y crear oligopolios sectoriales (licencias, aranceles, patentes, etc.). Ambos tipos de intervenciones deberían ser eliminadas[64].

Tal y como ya hemos tratado en páginas anteriores, para que una economía pueda avanzar, dinamizarse y prosperar es imprescindible que se permita una verdadera libre competencia, algo que el Estado erosiona en no pocos casos.

Por lo que se refiere a las mal llamadas políticas "en defensa de la competencia", los Estados se obsesionan con que ninguna empresa crezca demasiado y sea capaz de imponer unilateralmente sus condiciones a los consumidores. En nuestra sociedad suele imperar la idea de que las empresas muy grandes terminan convirtiéndose en monopolios que extorsionan al consumidor e impiden prosperar a la competencia. Ahora bien, antes de que los denominados "tribunales de defensa de la competencia" promuevan una agresiva intervención estatal dirigida a trocear esa gran empresa o a encorsetar la autonomía de su plan de negocios, deberíamos plantearnos cómo es posible que esa compañía mantenga en el tiempo una posición de preeminencia sobre el resto si no goza de ningún privilegio estatal[65].

No existe justificación económica sólida para que el Estado trate de destruir aquellas ventajas competitivas que han emergido naturalmente en el mercado como consecuencia del valor sostenido que generan para los consumidores ni para que este imponga ventajas competitivas artificiales con el propósito de impedir que aparezcan nuevos empresarios que, al crear nuevo valor para los consumidores, desplacen a los ineficientes empresarios previamente aposentados[66].

Y en esta misma línea se encuentra otro reputado economista, Daniel Lacalle:

Todas las economías desarrolladas están muy orientadas al sector servicios. En España se tiende a demonizar el turismo, por una falta de conocimiento de la importancia que tiene como tarjeta de visita de un país y como fuente de conocimiento y conexión con el resto del mundo. El problema del modelo de crecimiento de España no reside en las empresas, nos obsesionamos con un modelo de industria que no existe desde hace muchos años[67].

Y, al igual que Juan Ramón Rallo, alude al problema que afecta a España y a todo nuestro entorno europeo: la sobrerregulación y la presión fiscal, que desincentivan la atracción de capital, la captación de inversión y, consecuentemente, la iniciativa empresarial: "España tiene enormes oportunidades para atraer inversión y talento, pero no podemos hacerlo si tenemos impuestos altos, regulaciones completa y absolutamente anquilosadas y que ralentizan cualquier decisión de inversión, y si no tenemos una posición competitiva para atraer ese capital"[68].

Y sentencia:

Si entramos en un modelo *dirigista,* con un enorme gasto público y con un enorme porcentaje de empleo público, podemos vivir un caso como el de Francia: la economía francesa lleva más de tres décadas en estancamiento y es un país que tiene cosas maravillosas y empresas estupendas, pero no ha tenido un presupuesto equilibrado desde finales de los 70. (…) Lo bueno que tiene la economía es que no tienes que inventar absolutamente nada. No puedes tener la rigidez laboral de Grecia y el nivel de empleo de Alemania. No puedes tener los impuestos de Francia y el crecimiento de Irlanda[69].

El problema ya no es la aplicación de las políticas públicas —como la industrial—, el problema reside en que nos estamos enfocando en modelos productivos en claro retroceso, obviando la necesidad de captar inversión extranjera, potenciar la iniciativa empresarial o la creación y atracción de grandes empresas; y esto, en parte, se consigue desregulando, bajando la presión fiscal, permitiendo la libertad económica y personal, creando un marco político estable que aporte certidumbre y un Estado de derecho sólido que aporte seguridad. No es oro todo lo que reluce. Siempre hay letra pequeña. Pero ya vendrán los políticos de turno a vendernos lo invendible para que les votemos. Se llama populismo y está al orden del día. Lo explico a continuación.

Cuidado con el populismo

"En una época de engaño universal decir la verdad es un acto revolucionario".

George Orwell

Fueron cuatro duros años de estudio y trabajo. Pero también de espléndidos momentos que nunca olvidaré. Como dicen, todo esfuerzo tiene su recompensa. Y es verdad. Conseguí acabar la carrera con dos premios extraordinarios de excelencia académica, trece matrículas de honor y una media de expediente de nueve sobre diez. Pero no terminó aquí la historia. Por delante me queda toda una vida de aprendizaje, de experiencias y, en suma, de forjar mi capital humano.

Sinceramente creo que no debemos tener miedo al fracaso, pero tampoco al éxito, ya que ambos resultados vitales pueden generar desasosiego, frustraciones y debilidades.

El fracaso te puede paralizar. Está claro. Y es una posibilidad que todo riesgo conlleva. Pero recuerda que para ganar, triunfar o destacar, el riesgo es condición *sine qua non*. Cuando una persona aprovecha una oportunidad de mercado y se sumerge en una iniciativa empresarial está asumiendo un riesgo que, incluso, le puede ocasionar la pérdida de un buen capital privado invertido. O de todos sus ahorros. En otras palabras, antes de denostar a un empresario pensando que así defenderás a los trabajadores, piensa que el primero pudo haber perdido total o parcialmente su patrimonio en pro de forjar una empresa que, en la mayoría de los casos, repercute en un beneficio de la economía del país —al generar riqueza— y en una disminución del desempleo. Quienes generan empleo son los empresarios (también el Estado puede generar empleo público pero los funcionarios no generan riqueza, solo prestan servicios) y sin los empresarios sería imposible una correcta coordinación de los factores productivos. Entiéndeme bien, no estoy afirmando que los empresarios sean mejores o más importantes que los trabajadores, estoy afirmando que tan importante es en una empresa la función que cumple el empresario como la función que cumplen los trabajadores.

Seguro que en estos momentos te está viniendo a la mente uno de los pensadores más importantes de los últimos tiempos y, que desde luego, permanecerá en el imaginario social y cultural por muchísimos años más: Karl Marx.

Sin ánimo de profundizar, ya hay muchos otros libros —y brillantes— que lo hacen, me gustaría comentar la "teoría de la explotación marxista". En el primer volumen de su obra *Das Kapital,* el filósofo alemán introduce su teoría del valor-trabajo que *grosso modo* enuncia que el valor de una mercancía dada está determinado por el tiempo de trabajo socialmente necesario que implica su producción. Así pues, el trabajo, según Marx, es el único determinante del valor. Él lo explica así:

> Lo que determina la magnitud del valor de cualquier artículo es la cantidad de trabajo socialmente necesario, o el tiempo de trabajo socialmente necesario para su producción... La mercancía, por lo tanto, en las que se incorporan cantidades iguales de trabajo, o que pueden producirse en el mismo tiempo, tienen el mismo valor. El valor de una mercancía es igual al valor de cualquier otra, así como el tiempo de trabajo necesario para la producción de una es igual al tiempo de trabajo necesario para la producción de la otra[70].

Si la teoría de Marx estuviera en lo cierto, que no lo está, tendría sentido pensar que la diferencia entre el valor (sinónimo de trabajo) del bien y el precio con el que lo vende el empresario (lo que él llama ganancia y que asimila con robo) genera una plusvalía que manifiesta la explotación a la que están siendo sometidos los trabajadores que, con su tiempo y trabajo dotan de valor ese bien. El problema es que la teoría de la explotación de Karl Marx en términos prácticos, es una fantasía.

Y uno de los conceptos básicos de la Escuela Austríaca, la "teoría del valor subjetivo", lo deja claro. Esta teoría planteada, entre otros, por Carl Menger, incide en que alguien puede crear valor simplemente transfiriendo su propiedad de algo a alguien que la valora más, sin necesariamente modificar tal cosa. Adam Smith, que aún siendo un liberal clásico y habiendo incidido en el error de que el valor de un bien es algo objetivo y no, como estamos viendo, subjetivo, menciona en su *La riqueza de las naciones* la "paradoja del valor":

> Nada es más útil que el agua; pero esta no comprará gran cosa; nada de valor puede ser intercambiado por ella. Un diamante, por el contrario, tiene escaso valor de uso; pero una gran canti-dad de otros bienes pueden ser frecuentemente intercambiados por este.

En suma, que el agua es muy abundante y los diamantes no. El agua, al menos en los países desarrollados, es de fácil acceso. Los diamantes no. Así que el valor que los individuos le dotamos a los diamantes es superior que el valor del agua, a pesar de que ésta es no solo más útil sino necesaria para la vida.

Seguro que todavía quedan dudas, así que pongo dos ejemplos más relacionados con diamantes: un buzo arriesga su vida yendo al fondo del mar en busca de un precioso diamante y cuando lo encuentra, ve que justo al lado también hay otra piedra (no preciosa) que le maravilla. Recoge tanto el diamante como esa piedra del fondo del mar y vuelve a tierra. No tarda en poner en venta ambas piedras que le han llevado exactamente el mismo tiempo y esfuerzo. Y creyendo firmemente en la teoría del valor de Karl Marx piensa que tanto el valor del diamante como el de la piedra marina es exactamente el mismo. ¡Soy millonario! piensa, sin embargo, no encontrará absolutamente a nadie que le page la misma cantidad de dinero por el diamante que por la otra piedra. En fin, que Marx estaba equivocado y que el pobre buzo no hallará a nadie que le conceda tanto valor a la piedra como al diamante. Ni teoría de la explotación, ni de la plusvalía, ni nada: el buzo se decepcionó con Marx y sus teorías.

¿Otro ejemplo? Pensemos en los pantalones de moda, sí, esos que están rotos. Nunca has pensado por qué un pantalón que cuenta con menos material que los que no están rotos cuestan más. Pues porque las personas que le gustan ir a la moda están dispuestas a gastar más (valoran más) los pantalones rotos que los que no lo están. Y los empresarios juegan con tal valor subjetivo que los clientes están dispuestos a pagar por tal bien. Evidentemente, el precio, como mecanismo de información, se configura tanto por una "estimación" que el empresario hace de lo que los individuos estarán dispuestos a pagar por tal bien como, además, por la ley de la oferta y de la demanda que actúa sobre el libre mercado. No hay nada de "objetivo" en todo este asunto. Como vemos, no es nada fácil ser empresario ni trabajador, pero ambas "patas" de una empresa están íntimamente relacionadas y son necesarias.

Como decíamos, el miedo al fracaso es la espada de Damocles que actúa, en no pocos casos, como paralizante de muchas de nuestras iniciativas o ideas. Pero también puede llegar a frustrar y a amargarnos el éxito.

Por desgracia, vivimos en una sociedad llena de envidias en donde cualquier muestra de éxito o de reconocimiento es visto como una amenaza o, incluso, un insulto. Nos cuesta, y me incluyo, recocer y aplaudir el esfuerzo de otras personas. Y, como sociedad, tendemos a no premiar a aquellos que más se esfuerzan cuando debiera ser al contrario.

Debemos luchar para que exista, en la medida de lo posible, igualdad de oportunidades, sí, pero, desde luego, no podemos pretender una igualdad total. No hay nada más bonito, real y beneficioso que la desigualdad. El ser diversos. El ser distintos. El tener capacidades, habilidades, conocimientos… diferentes. Es imposible, radicalmente imposible, pretender que todos seamos iguales. La desigualdad es parte de nuestra esencia como humanos y, desde luego, lo que permite hacer progresar a un mundo entero. Si, en efecto, todos fuéramos exactamente iguales, sería muy difícil el que tuviéramos ideas, iniciativas, emprendimientos, formulaciones… distintas que permitieran el verdadero progreso como individuos y, en suma, como sociedad. Así que no pretendamos alcanzar algo que es ficción. La diversidad es algo precioso.

En el momento en el que estoy escribiendo estas líneas estoy trabajando en Madrid. En el sector del periodismo, como analista político y económico en televisión, radio y digitales. Estoy viviendo un sueño. Trabajando en lo que más me gusta. Y me siento realmente afortunado y con ganas de seguir aprendiendo, ganando experiencia y mejorando. Poco a poco pero sin pausa. A lo largo de todo este tiempo he conocido a muchos políticos, incluso de primer nivel. Con algunos de ellos he llegado a forjar una relación de cuasi amistad (trabajando como periodista es realmente difícil ser amigo de un político y, a veces, hasta contraproducente). Ciertamente existen políticos —de todos los colores— honestos con sus ideas, honrados y que tratan de mejorar la vida de quienes representan. Pero no menos cierto es que existen otros muchos que han llegado a la política para ganar dinero —los *sueldazos* de los cargos políticos, públicos y asesores en España son superiores a los de cualquier trabajador o empresario/autónomo medio— y, como adicional, fama y privilegios varios. Es por ello por lo que no dudarán en engañar, mentir, manipular o hasta perpetrar un delito si de ello depende su mantenimiento como políticos. Así, muchos políticos se convierten en absolutas cargas para los individuos que de forma coactiva —como monopolio de la violencia legítima que ostenta el Estado, como diría Weber— pagamos nuestros impuestos para mantener, en otras cosas, sus salarios.

En este sentido, y de forma muy recurrente, se escucha hablar de "populismo". Un mal en el que incurren, ya avanzo, mayoritariamente las formaciones políticas extremistas tanto de derechas como de izquierdas. Porque los extremos, no lo olvidemos, como su propio nombre indica, los hay tanto en la derecha como en la izquierda. Y tan dañinos son en un lado del espectro político como en el otro.

El populismo se ha alzado en las últimas décadas como uno de los objetivos de estudio de la ciencia política más importantes y ha sido analizado a raíz no solo del peso que los partidos populistas han ido ganando en muchos países del mundo —algunos entrando en gobiernos regionales y nacionales—, y sus efectos en los *mainstream parties,* sino también por la aparición de importantes líderes populistas y eventos históricos donde este fenómeno ha jugado un papel muy relevante —el Brexit, por ejemplo, según varios teóricos—.

A pesar de esto, uno de los mayores retos en esta materia es determinar qué entendemos por populismo, sobre todo ante la amalgama de definiciones y acercamientos a este concepto, generando vaguedad y confusión. Raad, Hollanders y Krouwel afirmaban en 2004 en su obra *Varieties of populism: An analysis of the programmatic character of six european parties* que había escaso consenso acerca de la definición exacta de populismo y la calificación de un partido como populista o no, dependía en gran medida de la sabiduría popular. El problema en ese momento radica en que los investigadores políticos parecían saber a quién se le podía llamar populista y a quién no, pero no sabían detalladamente qué elementos constituían el populismo. Si a todo esto sumamos la actitud reacia de los partidos a identificarse como populistas por la connotación negativa del término, se juntaban todos los elementos necesarios para una tormenta perfecta que desembocaba en un pobre acotamiento conceptual.

Como recogen los autores antes mencionados, una distinción clave es entender el populismo como estrategia o entenderlo como ideología. El primero está marcado por la visión del populismo como instrumento o estilo de hacer política (como sugieren autores como Canovan, Taggart o Jaggers y Walgrave) y que se centra en decir lo que la gente quiere oír, simplificando la política. No sólo eso, sino que bajo este mismo enfoque algunos autores como Taggart defienden que el populismo es "antipolítico", mientras que otros como Kitschig propone entender el populismo como una reacción a la ley.

En cambio, autores como Raad optan por entender el populismo como una ideología que posee una serie de elementos constitutivos que derivan de un objetivo central: introducir la voluntad del pueblo o la soberanía popular directamente en el proceso de toma de decisiones democrático.

Sin duda alguna, uno de los autores que más luz ha arrojado en este campo de investigación es Cas Mudde, quien definió el populismo como una ideología que "considera a la sociedad dividida en última instancia en dos grupos homogéneos y antagónicos, "el pueblo puro" *versus* "la élite corrupta", y que sostiene que la política debe ser una expresión de la *volonté générale* —voluntad general—, de la gente[71]. Así, Esta ideología implica que, como ideología "delgada", el populismo debe acompañar a una ideología "robusta" que le permite articular un programa y medidas concretas para atender las necesidades políticas y públicas.

Como vemos, son muchos los autores que han teorizado sobre este concepto y de formas muy diversas e, incluso, hasta contradictorias. Pero hay una serie de ideas que subyacen en la mayoría de las definiciones de populismo.

En primer lugar, que el populismo se basa en el rechazo del racionalismo como fundamento del orden social. Por el contrario, crea un vínculo social de índole sentimental basado en la comunión emocional del pueblo con el líder y el rechazo visceral a sus enemigos, al tiempo que hace prevalecer la idea de la multitud frente al individuo. Así, el populismo trabaja los sentimientos negativos (indignación, el resentimiento o el miedo) experimentados por los distintos grupos sociales, para transformarlos en sentimientos positivos ambiguos como serían la esperanza de un cambio benéfico y la ilusión de ese cambio político con el triunfo de su movimiento.

En segundo lugar, la inmensa mayoría de autores inciden en que el elemento esencial que caracteriza todo populismo es el manifiesto antagonismo que se muestra entre el pueblo (puro y bueno) y la élite (corrupta): hay un uso de mecanismos psicológicos y afectivos que nos muestran el déficit de racionalidad del sujeto político. Este antagonismo viene a proporcionar una fuerte afinidad *intragrupal* (con los iguales) al tiempo que un antagonismo para colaborar de modo *intergrupal* (con los otros). Estaríamos, pues, ante un verdadero tribalismo moral basado en emociones arcaicas.

En tercer lugar, en todo populismo se observa una propensión del sujeto político a estructurar la comprensión de asuntos históricos por medio de relatos o historias. O dicho con otras palabras, los actores políticos populistas fabrican o recrean hechos históricos para tratar de llevar a sus seguidores una idea, sentimiento o valor que le favorezca y que su público los interiorice fácilmente. Usan y retuercen la Historia hacia momentos de pueblo sojuzgado, engañado o estafado por el *establishment* (la élite). Es aquí donde el líder se nos presenta como aquel que únicamente, y a diferencia del resto, "rechaza al *establishment* en nombre del pueblo"; siendo, consecuentemente, quien juega un papel esencial en la estrategia afectiva–populista, pues él y nadie más, encarna y personifica al propio pueblo y bajo su nombre actúa.

Y en cuarto lugar, no podemos olvidar la dimensión *perfomance* de todo populismo. Se basa fundamentalmente en la dramatización de una crisis y del posterior conflicto pueblo–élite que esta desencadena. Muchos son los métodos usados para tal empresa: deslegitimación de la democracia representativa, lenguaje simplista y políticamente incorrecto, ocultación de temas que le son negativos a sus aspiraciones y un largo etcétera de estrategias política fácilmente identificables como "teatreras". Y en el caso concreto del líder, éste se presentará ante sus seguidores como un outsider, esto es, no perteneciente al sistema político o a una élite política —o de cualquier otra índole— al ser esta corrupta. De esta forma se construye a un líder que rechaza el *establishment* en nombre del pueblo.

Para concluir con este interesante pero complejo concepto añadiré que es mucho más fácil de lo que creemos manipular y engañar a una persona, también a casi toda una sociedad. Ten siempre en cuenta que todo líder político aspira a lo mismo: a ganar unas elecciones para alcanzar el poder. No existen mesías políticos sobrenaturales que vengan a salvarnos del mal económico y del pecado social, sí políticos deseosos de venderte su "producto" para que se lo compremos en forma de voto en las próximas elecciones, previo uso de un marketing político muy bien estudiado —a veces con errores— que los politólogos conocemos bien.

La preciosa libertad

"La coacción es malvada precisamente porque elimina al individuo como una persona pensante, valiosa, y lo convierte en una mera herramienta para el logro de los fines del otro".

Friedrich August von Hayek

Desde pequeño fui una persona muy independiente. Quizás algo tenga que ver el que fuera hijo único. Soy de la opinión que mejor tres y de confianza que no cincuenta y sin conocer. Me encanta que me dejen en paz y que no se metan ni en mi vida ni en mis cosas. Si necesito ayuda, ya la pediré. Pero no hace falta que estén encima de mí, ya soy yo responsable. Y hasta autocrítico de más.

Y sin darme cuenta estaba profesando la máxima que define al liberalismo: el respeto irrestricto por el proyecto de vida del prójimo; es decir, no inmiscuirme en la vida de nadie, ni que nadie se inmiscuya en la mía. Pero, atención, nunca olvidemos que toda libertad conllevaba responsabilidad o, como diría Hayek, que libertad no solo significa que el individuo tiene la oportunidad y la responsabilidad de elegir, también significa que debe enfrentarse a las consecuencias, pues la libertad y la responsabilidad son inseparables.

La libertad —tanto individual como colectiva— es un lujo que tan rápido como se conquista se puede perder. Por eso no olvidemos que luchar día tras día para conservarla es una necesidad. La libertad es inherente al ser humano, pero, desgraciadamente, no todos pueden disfrutar de ella. Y siempre se añora cuando se deja de tener. El problema es que ni el propio concepto de libertad es libre, pues se ha ido pervirtiendo a lo largo del tiempo, como tantos otros.

A pesar de la creencia generalizada, los contemporáneos Estados, construidos sobre leyes y no basados en el derecho, no protegen nuestras libertades personales. La causa, decía Hayek, procede de que ya no logramos distinguir entre derecho y ley. La idea de libertad auspiciada por el derecho, concebida hace más de 2500 años por los griegos, hacía entender que este no se creaba, sino que se encontraba.

Las instituciones legislativas grecorromanas se encargaban de limitar la actuación del Estado y de regir la administración de los medios confiados a él. El derecho, en aquel entonces, aun restringiendo la libertad del individuo y guiándolo en sus actuaciones, no surgía de la decisión de unos pocos hombres que se respaldaban en la mayoría, sino de una sala de juristas que creían encontrar al derecho, y no crearlo.

En este sentido, los históricos gobernantes, al tener presente esta idea de libertad, entendían a la perfección que el individuo debía estar sujeto a la ley y no a la voluntad de un dirigente. Comprendían que ley no era aquello que una institución legislativa —o una sola persona— había decidido, sino las normas generales de justicia originadas con el paso del tiempo y gracias al trabajo de los jurisconsultos. Los liberales clásicos del siglo XVIII, como John Locke, intentaron hacer resurgir el verdadero significado de la palabra ley. Para ellos se trataba, ni más ni menos, que del derecho de la *common law*. A saber, podía constar únicamente de reglas generales que podían extraerse de los juicios previos. El Estado jurídico, por desgracia, ha ido paulatinamente suplantando la idea del derecho y convirtiéndolo en ley, llegando hasta el punto de confundir o equiparar ambos conceptos. Es más, se ha pervertido por completo la idea de libertad. Bajo un *goverment under the law,* esta significaría, como explica Hayek, que el ciudadano particular no tendría que obedecer la voluntad de nadie, sino exclusivamente a códigos abstractos, que se compondrían esencialmente de prohibiciones que impedirían inmiscuirse en la igualmente protegida esfera de otros. Así, los gobernantes —como el resto de los individuos— se hallarían sujetos a esa idea de libertad basada en normas que rigen para todos y, por tanto, sería sumamente improbable que se produjese su menoscabo.

Lo recuerda Heinrich Triepel: "Sagrada no es la ley, sagrado es únicamente el derecho. Y la ley está bajo el derecho". Para materializar esto en el plano político, resulta imprescindible la separación de funciones. La consecución de un verdadero *goverment under the law* podría haber ocurrido si la *House of Lords* hubiese retenido para sí el poder exclusivo de transformar el derecho vigente y, por tanto, someter a la *House of Commons* —y al resto de ciudadanos— a tal derecho. Gobernantes y demás individuos estarían, en consecuencia, subordinados a él y a la verdadera libertad que este otorga, y las personas no se encontrarían en este supuesto sojuzgadas por la voluntad de un grupo de personas —o de una sola— que se amparan bajo la absurda legitimación de la mayoría.

Hayek, trayendo a colación las palabras de su amigo Oakeshott, entiende oportuno distinguir entre las sociedades *nomocráticas* y las *teleocráticas.* En las nomocráticas no existe un objetivo común hacia el que todas las personas deban orientarse, así el proyecto vital de cada individuo puede perfectamente desarrollarse en su plenitud. En las teleocráticas sí existe uno que todos sus miembros de han de acatar, por lo cual el proyecto vital individual ha de estar supeditado al plan vital colectivo. La completa y verdadera libertad, consecuentemente, solo se da en las sociedades nomocráticas.

El Gobierno no debe cedernos o arrebatarnos las libertades, ya que estas le preceden. La verdadera expansión de las libertades que puede llevar a la práctica no pasa sino por la devolución de todas las que, paulatinamente, a lo largo de la historia y de forma coercitiva, le ha extraído al pueblo. A pesar de que la opinión más extendida dice que los países no democráticos son, por definición, coercitivos y que, en contraste, el sistema democrático asegura la libertad, esto es rotundamente falso.

En un sistema democrático contemporáneo (no sometido al derecho, sino a las leyes) una mayoría oprime necesariamente a una minoría. Esta cede así su correcta doxa a la mayoría, que acabará decidiendo por ella. Tras esto, se esconde la *arrogancia fatal* de creer que el poder siempre hace lo correcto, de entender que la legitimación de los gobernantes procede de que una mayoría ha permitido que se conviertan en tales. La democracia antiliberal se trata, sin duda, de un régimen político profundamente coercitivo. Para Mises, la preferencia por la democracia radica "en que facilita un ajuste pacífico del sistema de gobierno y del personal del gobierno a los deseos de la opinión pública". Así, la democracia nos aporta un método para cambiar pacíficamente a los funcionarios gubernamentales, en comparación con las revoluciones violentas que se necesitan para derrocar una dictadura. Esta *ventaja,* empero, no exime a las democracias de sus evidentes *desventajas.*

Rothbard, por su parte, vertió una profunda crítica hacia este sistema, y de ella podemos extraer una conclusión clara: la democracia se muestra tan incompatible con la libertad como una dictadura. Recordemos un significado de libertad: no agresión. Esta resulta, por tanto, consustancial a la noción de Locke de los derechos de propiedad, mientras que la democracia los viola.

Es importante reflexionar sobre ello. Más que nunca en tiempos de crisis es cuando el Leviatán, tal y como diría Hobbes, se hace cada vez más robusto. La propuesta alternativa consiste en acercarse a un verdadero Estado liberal, donde la libertad individual y los proyectos vitales de los ciudadanos puedan hacerse valer y desarrollarse con los de los demás en perfecta armonía.

Si la civilización occidental es lo que es hoy en día, un faro de progreso y bienestar, es gracias al más grande e importante ideal que condujo su devenir: la libertad. Una palabra con pleno significado y valor que, por desgracia, se usa constantemente en vano.

La Revolución Industrial, como ya dijimos, representó una absoluta transformación social y económica, además de productiva, de la sociedad. Las grandes industrias vieron la luz y el estilo de vida de los individuos dio un giro de ciento ochenta grados. Se produjo, asimismo, todo un verdadero cambio en la cultura. El auge del capitalismo se volvió inevitable, además de necesario, en un momento en el que la acumulación de capital permitió invertir en progreso, productividad, prosperidad y, en fin, en modernidad. La libertad, considerada como fundamental en términos económicos e individuales, se ratificó como una consecución intrínseca a la sociedad que acabó siendo recogida hasta en la Declaración de los Derechos del Hombre y del Ciudadano, que marcó un claro punto final con el Antiguo régimen. La libertad, conquista del liberalismo —como su propio nombre indica—, costó conseguirla, y en la actualidad nos hemos olvidado de que también se poder perder.

La idea de libertad, cabe subrayar, se halla completamente enraizada en todos nosotros, y tanto es así que durante mucho tiempo ni se planteaba el cuestionarla. Solo Lenin se atrevió, calificándola de "prejuicio burgués".

Lenin, y tantos otros, incluso en tiempos actuales, se olvidan de que, antes de la aparición del liberalismo —que tanto repugnan y aborrecen—, grandes estadistas, eclesiásticos y, en suma, la sociedad, declaraban que la esclavitud era una institución legítima basada en la utilidad y en el beneficio social. Se consideraba que unos hombres eran, por naturaleza, libres, y que otros estaban predestinados a no serlo. No se cuestionaba tal designio divino. Ni por parte de los propios esclavos. Pero todo esto, por fortuna, cambió. No fue hasta finales del siglo XVIII y en la primera mitad del siglo XIX cuando las ideas que emanan del liberalismo impulsó que el fin de la servidumbre de la gleba, de la sujeción de las poblaciones campesinas en Europa y de la esclavitud de los negros en las colonias de Ultramar se convirtiera en una realidad y desaparecieran de todo el imaginario social. No fue tarea fácil. Contra ello lucharon no pocos filántropos, que afirmaban que los esclavos no estaban preparados para ser libres: no sabrían que hacer con el privilegio de la libertad tras tantos siglos bajo la *protección* de sus amos. No sabrían, decían como justificación, administrar su propia vida.

Evidentemente la esclavitud es amoral, inhumana, pero también, y desde luego, ilógica: el trabajo libre es mucho más productivo que la esclavitud. Aquel que no es libre no tiene incentivo alguno para emplear su capital humano. Usa su fuerza para evitar las represalias que, por su inacción, provendrán de su amo. Este es el único *interés* por el que se mueve el esclavo. Aquel que es libre entiende que la remuneración y su mejora provienen de su prestación y esfuerzo laboral. Tiene incentivos, por tanto, para mejorar y superarse, para formarse y engrandecer su capital humano, para prosperar en su trabajo y en la sociedad.

Los liberales entienden que la libertad es moral, natural y lógica; que todo sistema —o sociedad— basado en la libertad de todos los individuos que lo integran garantiza su máxima productividad y la consecución de sus intereses. Esto parece muy fácil de entender; es más, hasta aquí seguramente estemos todos de acuerdo. El problema viene cuando a la libertad se le empiezan a añadir condicionantes o adicionales que no hacen más que corromper su significado y la hacen peligrar.

Con el movimiento obrero surgido con la Revolución Industrial se comenzó a expandir una nueva forma —peligrosa— de entender la tan natural e innata condición humana de la libertad: la libertad con igualdad. *Se descubre* que la libertad sin igualdad es una quimera, que la libertad no es tal si no somos todos iguales. Y que de la igualdad emana la libertad, esto es, que para alcanzar la libertad hay que previamente alcanzar la igualdad —pero no solo la igualdad de oportunidad, sino la verdadera igualdad—. La libertad, pues, se desplaza a un segundo plano, en favor de la igualdad. Lo que era una conquista de los liberales y lo que había permitido hacer prosperar a toda una civilización, la libertad, se desfiguró en favor de un requisito previo absolutamente irracional e imposible de alcanzar. Y esa igualdad fue la que justificó la conformación de los regímenes dictatoriales y autoritarios más sanguinarios y crueles de la historia: los comunistas.

Los hombres y las mujeres somos sumamente desiguales. La naturaleza no se repite en sus creaciones. Ni siquiera los gemelos más parecidos son iguales. La naturaleza no es una cadena de producción que fabrica artículos en serie bajo modelos estandarizados. Cada ser humano es profundamente individual e irrepetible. Nos guste más o menos, nunca podremos llegar a ser igual de inteligentes, bellos, productivos, saludables, habilidosos, trabajadores… que cualquier otra persona. Bajo ningún concepto, ni por mucho que queramos y lo intentemos. Nunca.

Solo una igualdad es posible: ante la ley. Las leyes —los derechos y los deberes— deben ser iguales para todos. No hay lugar para dudas: si se quiere evitar cualquier perturbación del desarrollo pacífico, una paz duradera en cualquier sociedad actual, los derechos y deberes recogidos en las leyes deben ser iguales para todos los individuos.

El error reside en que los socialistas sostienen que no basta con que los individuos sean iguales ante la ley, sino que hay que garantizar la misma renta para todos. Además, muchos de los que se consideran socialistas no están en contra de que exista pobreza, sino de que existan ricos. Prefieren una sociedad igualada en la pobreza —pues igualar en la riqueza es una consecución imposible— que una sociedad en la que la existencia de la desigualdad social garantice, sin embargo, el que haya muy pocos pobres en condiciones extremas, un grupo social de individuos que puedan vivir en unas condiciones totalmente dignas y hasta con ciertos lujos (clase media–baja, clase media y clase media–alta) y muy pocos ricos. Con ese afán de eliminar algo que es naturalmente intrínseco al conjunto social, la desigualdad, no dudan en tratar de conseguir una sociedad igualada en la pobreza. Así lo prefieren y no lo ocultan.

Cabe destacar que, solo porque en nuestro ordenamiento social es posible la desigualdad de riqueza y, por tanto, el incentivo de producir más al menor coste —al competir con el resto de los individuos—, dispone hoy la humanidad de un bienestar jamás visto en las anteriores etapas históricas. Nunca ha habido globalmente menos pobres que en la actualidad. Y, desde luego, tal consecución no se debe a los siempre fallidos regímenes comunistas que han, y siguen, asolando a millones de individuos. Es más, si se eliminara tal incentivo, la productividad se reduciría hasta el punto en que la renta per cápita caería muy por debajo de la que hoy recibe incluso el más pobre, y además sería imposible que se generara el total de riqueza anual que entre todos demandamos para consumir.

En conclusión, la desigualdad en la riqueza es 1) algo natural e imposible de aplicar, 2) un incentivo para competir, 3) lo que permite, consecuentemente, reducir el precio de los bienes y servicios que consumimos y aumentar su calidad, y 4) lo que ha permitido hacer progresar a toda la humanidad y que cada día haya menos pobreza absoluta y relativa.

La libertad es una conquista lógica y beneficiosa, pero también un preciado lujo que, en cualquier momento, podemos perder, algo que ya ha ocurrido y, por desgracia, sigue ocurriendo en el momento actual. No adulteremos, tergiversemos ni manipulemos con adicionales inalcanzables lo que, de por sí, ya es tan bello como la libertad.

El capitalismo no es lo que crees

"El deseo de un aumento de la riqueza puede ser satisfecha a través del intercambio, que es el único método posible en una economía capitalista, o por la violencia y la petición como en una sociedad militarista".

Ludwig Heinrich Edler von Mises

Pues así, a lo tonto, está pasando la carrera volando. Al final sí que va a ser cierto eso de que a partir de los veinte años parece que la vida se acelera y que el transcurrir de los años se convierte en un tormento de deseos incumplidos en tiempos pasados. Y todo ese impetuoso anhelo que todo niño comparte de crecer y convertirse en adulto se convierte en una inexorable rutina cargada de responsabilidades, problemas, cansancios varios y despedidas dolorosas. Y no es que me esté poniendo melancólico, simplemente describo una realidad con la que posiblemente te podrás identificar.

Y una inequívoca señal de que me estoy convirtiendo en un adulto es que, precisamente, los adultos ya me toman en serio. Ya no me dicen eso tan hiriente de "cuando seas mayor lo entenderás", como si fuera lerdo y no consiguiera entender argumentaciones que, en la mayoría de los casos, resultan ser básicas. Ahora, en cambio, los adultos me rechazan con total frialdad previa discusión acalorada o, la nueva moda, me bloquean en el WhatsApp. En fin, todo tiene sus ventajas e inconvenientes.

Y una de las discusiones que más ha provocado ese rechazo se produce cuando trato de explicar que el capitalismo no se trata de hombres fumando puros y bañándose en dinero mientras esclavizan con un látigo a sus plebeyos trabajadores. Tan extendida está esta imagen que estoy seguro de que, si alguien te nombra la palabra *capitalismo,* te viene eso a la mente.

Pues no, el capitalismo nada tiene que ver con eso. Y espero y deseo que, antes de que también me rechaces, consiga que evoques otra imagen cada vez que te nombren capitalismo o liberalismo: la de hombres libres viviendo en un mundo de bienestar, prosperidad, productividad, en paz y respetando el proyecto vital del prójimo.

Empezaré por algo básico: el sistema que favorece a los *hombres con puro* en detrimento de los demás existe y no se llama ni capitalismo, liberalismo, ni neoliberalismo ni nada parecido, sino que se llama *mercantilismo.* Y ningún liberal lo defiende; al contrario, lo repudia.

La habitual definición de mercantilismo que solemos encontrar en los manuales básicos de economía es amplia y muy vaga: se trata de un sistema político y económico que tiene por base argumental el que los países llegan a ser más ricos y prósperos mientras más metales preciosos consigan acumular.

Debemos considerar que el mercantilismo —y sus ideas— tuvieron su acogida y expansión en la Europa de los siglos XVI, XVII y primera mitad del XVIII. El contexto nacional estaba, cada vez más, dominado por un orden internacional en el que los países debían destacar con un peso, posición e influencia prominente: se entendía que el acumular oro y otros metales preciosos dotaba de tal poder a los Estados.

Las características, *grosso modo,* del mercantilismo son estas:

- La creencia de que una mayor acumulación de metales preciosos significaba mayor riqueza, prosperidad y poder político.
- Un fuerte uso del rol interventor del Estado como protector de la economía nacional —del país— para *protegerla* de la competencia exterior.
- Consecuentemente, un esfuerzo estatal por regular, con impuestos y aranceles aduaneros, las importaciones y exportaciones, tratando de que estas últimas superen a las primeras y, así, conseguir una balanza de pagos positiva.
- Obstaculización, por tanto, de la importación de bienes y materias primas procedentes de países extranjeros. Para obtener materias primas y metales preciosos, empero, se sobreexplotaban las colonias (del Nuevo Mundo, en especial).
- La concesión de privilegios fiscales —y de más tipos— a los productores nacionales, esto es, beneficios a las empresas y empresarios del país.
- Entender como sectores estratégicos el agrícola, el minero y la artesanía local, entre otros, como los necesarios para transformar las materias primas locales en bienes que poner en el mercado y competir.

El mercantilismo es una ya sepultada concepción política, social y económica de unas sociedades ancladas en su constreñido y cerrado ecosistema nacional. Para sorpresa de muchos, fue precisamente el liberalismo quien enterró este sistema que, de vez en cuando, aún sigue mostrándose hoy en forma de nacionalismo y proteccionismo.

El mercantilismo es lo contrario a un proceso ya inexorable: la globalización. Y, por tanto, es contrario al liberalismo, que posee como uno de sus pilares básicos la integración de las economías mundiales a través del comercio y los flujos financieros.

El mercantilismo no desea un mercado global e integrado donde cada individuo, en su libertad, pueda aprovechar las oportunidades de mercado para competir satisfaciendo las necesidades de los consumidores en un escenario tan amplio como desee y para beneficio de todos. La competencia, como veíamos antes, y resulta evidente, garantiza no solo una mejora del bien o servicio ofertado, sino, además, una bajada del precio en beneficio de los consumidores. El mercantilismo, por su parte, desea encadenar a los productores y consumidores a una realidad política y económica ajena a todo interés general —mucho menos global—, sometiéndolos a un interés puramente particular: si un consumidor o empresario desea satisfacer sus necesidades, deberá hacerlo preferentemente con productos nacionales, a pesar de que estos, o bien sean más caros y de peor calidad que los del exterior, o bien no acaben por ser útiles y satisfacer los deseos del consumidor.

Llegados a este punto, queda claro que eso de atribuirle a los liberales o *neoliberales* la intención de querer usar al Estado (personificado en los gobernantes de turno) para beneficiar a los amiguetes empresarios y, en fin, a las empresas que le son afines —y, tras el paso por la política, acabar casualmente sentados en sus despachos— es totalmente erróneo. Hacer eso es de todo menos ser liberal.

Que el Estado rescate a empresas privadas tampoco es propio de políticas liberales, sino de políticas mercantilistas. Huelga decir que durante los momentos de crisis muchas empresas están abocadas a reestructurarse o a cambiar incluso de modelo productivo si no quieren cesar su actividad: en los contextos económicos negativos es cuando se descubren modelos de negocio mal enfocados o poco eficaces, eficientes y económicos. Y justamente por esas consecuencias los Estados deciden inyectar inmensas cantidades de dinero del contribuyente (mal llamado *dinero público*) para rescatar empresas que, ciertamente, no tienen modelos de negocio correctos. En otros casos, los gobernantes deciden inyectar dinero en empresas por tratar de conseguir, únicamente, un rédito electoral y personal. Esto ocurre con Gobiernos de todos los colores políticos y es la más pura realidad. Aunque, que quede claro, estas *prácticas* son de todo menos liberales; ningún teórico del liberalismo las propugnará ni mucho menos aplaudirá.

En la imaginería que acompaña al liberalismo también se encuentra el derroche, el afán por el dinero, por el ascenso social, por los coches de alta gama, yates de lujo y, en fin, objetos exclusivos de marca. He de insistir que eso tampoco tiene nada que ver con el liberalismo, sino con el deseo vital de cada individuo de vivir la vida como mejor le plazca: una vida llena de lujos la puede tener un liberal, un socialista y un comunista. Anda que no vivían bien los que conformaban la *nomenklatura*, esto es, la élite social de la extinta Unión Soviética, conformada prácticamente en exclusiva por miembros del Partido Comunista... No, esto nada tiene que ver con el liberalismo. Al contrario, uno de los principios rectores de todo liberal es el ahorro y el gasto eficaz y eficiente de los recursos disponibles; nada de derroche y vivir la vida a todo tren.

El capitalismo depende del ahorro, no del consumo, y esto, ciertamente, es algo que me costó entender y que, desde luego, tras entenderlo, me hizo ver que estaba equivocado y lleno de los prejuicios propios de cualquier socialista promedio.

Primeramente, cabe destacar algo que parece —y es— obvio: capitalismo procede de capital. Y para acumular capital hace falta restringir el consumo, esto es, ahorrar. Parece simple de entender, y lo es. Para profundizar, cabe decir otra obviedad: si en una sociedad de libre mercado no se ahorrara, sería imposible producir bienes de inversión (inmuebles, mobiliario, bienes corporales, semovientes...), tan solo bienes de consumo. Y la inversión es una acción imprescindible para la acumulación de capital y, por extensión, para el capitalismo. Sin el ahorro y la acumulación de capital, las sociedades no hubieran progresado.

Por definición, la inversión es el acto de no consumir recursos para satisfacer necesidades o deseos presentes para destinarlos, empero, a satisfacer necesidades futuras. El objetivo de toda inversión es aspirar a la obtención de beneficios que no existen en el presente, por lo que un acto, consecuentemente, primordial para el crecimiento económico y el progreso de los individuos y la sociedad que estos conforman. Sin el ahorro no habría acumulación de capital y, por ende, tampoco capitalismo. El ahorro es la base, en suma, del crecimiento económico y del progreso en el mundo. El capitalismo, pues, nada tiene que ver con el *consumismo* ni con los imaginarios *hombres con puro*.

La intervención estatal: ¿fallos del mercado o fallos del Estado?

"Cuanto más planifica el Estado, más complicada se le hace al individuo su propia planificación".

Friedrich August von Hayek

Ya dije que soy un tipo un poco raro para mi edad. Bueno, bastante raro. Es decir, que desde siempre no actúo como se presupone que debía actuar un niño —o ahora un joven— de mi edad. No me gustan los deportes, los videojuegos no me atraen, del cine solo me gustan las películas realistas —nada de ciencia ficción, personajes sobrenaturales y vidas de ensueño—, y de series solo veo las policíacas y de investigación. Me encanta leer, sobre todo ensayo. Aunque, te confieso, quizás por eso de ir en contra de toda lógica, hace años jamás me verías con un libro en la mano y odiaba que me regalaran libros por mi cumpleaños. Y, fíjate, ahora estoy cumpliendo un sueño al escribir mi primer libro. Cómo cambia la vida.

Soy el típico que cuando había que hacer un trabajo en grupo era el que organizaba o, al menos, trataba de hacerlo. Pero organizaba con responsabilidad, me gustan las cosas bien hechas. También me gusta destacar y conseguir los fines que me propongo. Soy muy ambicioso, lo confieso. Y muy exigente, quizás demasiado, pero sobre todo conmigo mismo. La exigencia y la disciplina es la única forma de sobresalir. Todo esfuerzo cuesta, pero qué satisfactorio es cuando llega la recompensa, qué sensación más apacible. Y piensas: "Lo he dado todo pero ha merecido la pena". Y quizás no consigas exactamente lo que te has propuesto, pues las limitaciones son parte inherente a nosotros mismos. Pero, si sabes que lo has dado todo, cierta frustración se funde en una duradera paz interior, en estar a gusto contigo mismo.

No es casual que uno de mis autores favoritos sea el florentino Nicolás de Maquiavelo con su celebérrimo *El Príncipe*. Su realismo a la hora de analizar y aconsejar cómo debe actuar un príncipe para conseguir y mantenerse en el poder le valió ser considerado por una inmensa mayoría el padre fundador de la ciencia política moderna. No se puede explicar hoy el concepto de poder —como tantos otros— sin tener en cuenta sus obras. Era todo un avanzado de la época.

Frente a la fortuna, nos diría Maquiavelo, la *virtù* que nos enseña a ser prudentes, a tener capacidad de anticipación, a dejar el menor número de consecuciones al albur. Frente a la fortuna, la *virtù* nos enseña a ser audaces y a tener coraje, a no rendirnos nunca, porque nada está previamente decidido, siempre se puede hacer algo. La fortuna, en fin, no lo es todo, y frente a ella, cuando no nos es favorable, la virtù nos enseña a amoldarnos y adecuarnos a los cambios que se produzcan. Una común fuente de fracaso —personal y profesional— es no saber cambiar o, más bien, adaptarnos a los exógenos e imparables cambios. Debemos seguir trabajando sin descanso, pero siempre sabiéndonos adaptar a las circunstancias. La *virtù* nos enseña la templanza, mantenernos sosegados ante el éxito y ante el fracaso, *ergo,* aceptar nuestra propia suerte.

Más allá de toda la brillante teoría y consejos que nos proporciona el florentino, si algo comparto con él es el pesimismo antropológico en el que basa todo su pensamiento político, esto es, la consideración negativa de la naturaleza humana. No es que crea que todos los seres humanos son malos, claro que no, pero sí que cualquier humano está capacitado para hacer el mal al prójimo y a conciencia. La propensión humana hacia el mal es un factor que nunca deberíamos despreciar a la hora de anticipar nuestras acciones y plantear los análisis. O, como dirían los economistas, es una variable para evaluar nuestra situación frente a unas características de origen interno (debilidades y fortalezas) y otras de origen externo (amenazas y oportunidades).

Una idea que me hizo transitar del socialismo hacia el liberalismo es el darme cuenta de que un gobernante, sea quien sea y del color político que sea, no es un ser sobrenatural mucho más inteligente que la media y que sabe gestionar el dinero del contribuyente —el mal llamado *dinero público*— mucho mejor que nosotros mismos. Para empezar porque normalmente los más preparados, los más capaces, en fin, los mejores, no suelen entrar en una actividad tan desagradecida, tan desprestigiada y actualmente tan maniquea como la política. Y segundo, porque todo político —por mucho que mienta con proposiciones muy elocuentes sobre bienestar social— tiene dos principales objetivos: 1) alcanzar el poder, sea como sea, y 2) una vez que lo alcanza, mantenerse en el poder con actuaciones cortoplacistas y fácilmente vendibles. En suma, que es radicalmente ilógico, y sobre todo falso, que el dinero esté mejor en la *hucha* de Hacienda que en nuestros bolsillos, como muchos afirman sin despeinarse ni ponerse colorados. Yo no considero a ningún presidente del Gobierno más inteligente y capaz de administrar los recursos mejor que yo por simplemente ser el *superpresidente*, el *superministro* o lo que sea.

La intervención estatal no es *de facto* buena porque un ente abstracto, como el Estado, la ejecute. Detrás de esa tal *España* o ese tal *Estado,* al que yo nunca he conocido, se esconden realmente personas de carne y hueso con tantas limitaciones como todos nosotros. "Es que la intervención estatal es buena para acabar con los fallos del mercado", argumentan muchos. Bueno, pues miren, el mercado se trata *grosso modo* de un entramado de intercambios (la cataláctica, como dirían los más leídos) de dos o más personas —o grupos de ellas— que de voluntario acuerdo cambian un bien tangible o un servicio intangible por otro que subjetivamente valoran más. Y por Estado entendemos, como se aceptó en la Convención de Montevideo en 1933, un espacio que posee una población permanente, un territorio definido y un gobierno que es capaz de mantener control efectivo sobre el territorio correspondiente y de conducir relaciones internacionales con otros Estados. O como diría el reconocido Max Weber, el Estado moderno se trata de una asociación de dominación con carácter institucional que ha tratado, con éxito, de monopolizar dentro de un territorio el monopolio de la violencia legítima como medio de dominación y que, con este fin, ha reunido todos los medios materiales en manos de sus dirigentes y ha expropiado a todos los seres humanos que antes disponían de ellos por derecho propio, sustituyéndolos con sus propias jerarquías supremas. En fin, que no sé si te habrás dado cuenta de que, tanto detrás del mercado como detrás del Estado, se encuentran, ante todo, personas —individuos, clientes, empresarios, gobernantes, monarcas—, personas con todas sus virtudes y defectos, con todas sus capacidades y limitaciones, con todas sus buenas intenciones o maldades. Por tanto, dar por hecho que "la actuación del Estado es mejor que la del mercado y por eso se debe intervenir" es una falacia en sí misma.

En este sentido, la práctica totalidad de los manuales sobre análisis de políticas públicas o propiamente los que se recomiendan en cualquier facultad de Ciencia Económica dan por supuesto, y sin ápice de cuestionamiento, la oportuna y necesaria intervención estatal, bien reguladora, bien incentivadora o sancionadora. Y tan legitimada está la coactiva e imperativa intervención del Estado en nuestras vidas económicas y sociales que, de no funcionar tales actuaciones estatales, nunca se llegará a cuestionar su idoneidad, eficacia y eficiencia, sino que el problema es que se ha intervenido poco: si una intervención no funciona, se ha de intervenir todavía más. ¿Por qué esta absoluta y cuasi religiosa devoción a la intervención estatal?

> La primera razón se derivaría de la existencia de un corpus teórico elaborado que justifica y legitima las políticas de intervención estatal al dotarlas de un aura de cientificidad. La segunda se derivaría de la propia naturaleza de estos estudios. El origen y la evolución de los estudios de políticas públicas están estrechamente ligados al gobernante. Bien como sancionador, bien como legitimador de sus actuaciones, siempre a lo largo de la historia ha estado a sueldo del gobierno[72].

Cabe apuntar que, si bien la intervención coercitiva del Estado en la esfera económica y social es intrínseca a la propia existencia del Estado, este, personificado en los gobernantes, y de forma histórica, siempre manifestó el inexorable deseo de ampliar todas las esferas de intervención (incluso las que se presuponían altamente privadas como la vida económica, social y comercial de los propios individuos–ciudadanos), y no solo limitarse a su *original* labor de mantener el orden, la justicia y el irrestricto respeto de los derechos de propiedad de los individuos. Tanto fue así que este aumento del coactivo control del Estado plasmado en los impuestos, la manipulación de la moneda y el crédito, las regulaciones de la actividad comercial y precios, y prohibiciones sociales múltiples, adquirió un nombre propio y fuertemente aplaudido por la inmensa mayoría de los ciudadanos: estado de bienestar.

Son muchas las justificaciones de la intervención estatal que se ponen encima de la mesa. Al respecto, es necesario subrayar la crítica que el catedrático Jesús Huerta de Soto le hace al concepto estático de eficiencia, hasta ahora dominante, que está presente en la base de toda justificación de la intervención estatal[73]:

1.ª La eficiencia dinámica puede considerarse como la capacidad de un sistema económico para impulsar la creatividad y la coordinación empresarial; 2.ª La eficiencia dinámica es, sin embargo, una dimensión que hasta ahora ha sido prácticamente ignorada por la mayoría de los economistas profesionales que, con carácter exclusivo, se han centrado en la dimensión meramente asignativa o estática de la eficiencia económica; 3.ª Sin embargo, la eficiencia dinámica puede considerarse que es la dimensión más relevante del concepto económico de eficiencia, especialmente en un mundo real que nunca puede lograr el equilibrio y en el que el ideal de eficiencia asignativa o estática es por definición inalcanzable y 4.ª Aunque ambas dimensiones de la eficiencia (la estática y la dinámica) no son necesariamente excluyentes, sino que en muchos casos son complementarias, existen sin embargo diversos comportamientos e instituciones que, aunque aparentan ser asignativa o estáticamente ineficientes, sin embargo son capaces de impulsar de manera muy enérgica la eficiencia dinámica.

La primera justificación a la intervención estatal que destaca es la promulgada por el reconocido economista Paul Samuelson, que incide en la existencia de unos bienes denominados "bienes públicos", es decir, aquellos que consume un individuo pero que no excluyen el consumo de otros, y que un consumo adicional de esos bienes no afecta ni a su coste de producción ni a su exclusión o imposibilidad de que alguien se quede sin disfrutarlo.

La consecuencia es que los bienes públicos solo pueden ser provistos por el Estado, al aparecer el problema del *consumidor gratuito (free rider),* pues nadie querrá revelar sus preferencias sabiendo que, una vez que se decida la provisión del bien público, no podrá ser excluido de su consumo. Por tanto, se excluye cualquier solución cooperativa, ni se admite el altruismo, de forma que tampoco es posible la provisión voluntaria de bienes públicos[74].

Ante esto parece que ya está justificada la intervención estatal coactiva y forzosa a través de impuestos, prohibiciones o prestaciones personales. La segunda justificación que destaca es la teoría de los fallos de mercado, que son el mayor sostén y fundamento de la intervención económica.

Como antes decía, uno de los principales objetivos dentro de una economía moderna es alcanzar los mayores niveles de eficiencia: alcanzar lo que se denomina *óptimo paretiano* o punto óptimo de Pareto. Por tanto, cuando dentro de un mercado eficiente se presentan situaciones que no representen óptimos paretianos, se dice que estamos en presencia de un fallo del mercado, caso en el cual se justifica la intervención del Estado en la economía a través de la regulación económica[75].

Joseph Stiglitz, en *La economía del sector público*[76], identifica seis fallos de mercado: fallos de la competencia, bienes públicos, externalidades, mercados incompletos, fallos de información y paro, inflación y desequilibrio. Los fallos de competencia se dan, *grosso modo,* cuando no existe una competencia perfecta, que, por ende, impide obtener un óptimo paretiano. Para que la competencia sea perfecta se requiere que en un determinado mercado existan numerosas empresas, la cuales saben con certeza que no pueden incidir en la definición del precio de los productos ofertados. Sin embargo, es frecuente que en un determinado sector alguna o algunas pocas empresas tengan una amplia cuota del mercado. Se presenta así el monopolio y el oligopolio[77].

Los bienes públicos, como anteriormente explicaba, son los que se consumen pero que no implican que el individuo consuma otros, y que un consumo adicional de esos bienes no afecta ni a su coste de producción ni a su exclusión o imposibilidad de que alguien se quede sin disfrutarlo. Por este motivo, no serán producidos por empresas privadas, al no proporcionarle beneficio, y así su tarea queda relegada al Estado.

Por su parte, las externalidades son aquellos comportamientos de personas que inciden en la esfera de otra, ajena al comportamiento inicial. Si la incidencia del comportamiento reporta afectación o un costo, la externalidad es negativa; si por el contrario, la conducta incidente reporta un beneficio a quien recibe las consecuencias, hablamos de una externalidad positiva. Y precisamente el sector de los servicios públicos es muy sensible a las externalidades negativas. El ejemplo prototípico[78]: la contaminación.

Los fallos originados en mercados incompletos se presentan cuando el mercado no suministra en suficiente medida bienes privados aun cuando el coste de suministrarlo sea inferior al que los usuarios estarían dispuestos a pagar por él. Por ello se requiere de la actividad planificadora del Estado, que estimule al empresario a ampliar su cobertura para satisfacer así la universalización del servicio[79].

Otros de los supuestos fallos del mercado son los originados por la falta de información. Joseph Stiglitz considera que la información en buena medida es un bien público. Cuando la información en determinado sector es imperfecta, los mercados no funcionan de forma adecuada. La forma de facturación, las tarifas, las condiciones de los contratos suscritos, estos han sido datos que gracias a la intervención regulatoria del Estado han podido llegar con mayores niveles de claridad a los usuarios[80].

Y, finalmente, están los fallos originados en el paro, la inflación y el desequilibrio económico, algo que escuchamos todos los días en la prensa, máxime en la situación actual de inflación no transitoria que estamos sobrellevando.

Todo lo dicho anteriormente suena muy bien, pero: 1) ¿realmente esos supuestos *fallos de mercado* son realmente fallos ocasionados en el mercado?; 2) de existir, ¿son tal y como lo pintan no pocos autores?; 3) aun si fueran tal y como Stiglitz los describe, ¿se justificaría en ese caso la intervención estatal? En el siguiente apartado emprenderemos una crítica bastante heterodoxa y alejada del *mainstream,* pero muy necesaria si realmente queremos entender por qué la política industrial no ha funcionado en España y no funcionará tal como está planteada. Ni la política industrial ni tantas otras que siguen su misma base: intervención, prohibición y millones de euros del contribuyente.

Ahora veamos las críticas a las justificaciones de la intervención del Estado que, casualmente, casi siempre se omiten en manuales, conferencias, argumentaciones en medios...

Aun teniendo fallos, el mercado es la organización económica y social más eficaz y eficiente que en la actualidad existe para *dirigir* la vida económica y social. Gracias a la acumulación de capital, gracias al capitalismo, en ninguna época histórica hubo menos pobres y pobreza en el mundo como actualmente.

En 1920, Ludwig von Mises publicó *El cálculo económico en la comunidad socialista,* en el que introdujo tres ideas fundamentales para entender el error de cálculo en el que incurren aquellos que abogan por una planificación central estatal: 1) sin la existencia de unos medios de producción privados no habrá mercado para tales medios de producción; 2) sin ese mercado para los medios de producción, es imposible la existencia de precios para tales medios; 3) sin precios que aporten la valiosa información relativa a la escasez o no de bienes capital, los responsables de tomar decisiones económicas no podrán calcular racionalmente el uso alternativo de los bienes de capital.

Más adelante, teniendo en cuenta la necesidad de ampliar y profundizar en el problema de cálculo económico, fue el estudiante de Mises, Friedrich Hayek, quien en *Individualismo y orden económico* desarrolló su noción de división del conocimiento:

- El conocimiento es disperso y no unificado. Por lo tanto, el conocimiento individual es siempre imperfecto.
- En una economía de libre mercado, esos conocimientos sobre la dispersión se coordinan a través del sistema de precios.
- En una economía socialista de planificación centralizada, después de abolir el sistema de precios el planificador central no es capaz de poseer todo el conocimiento de toda la sociedad.
- Siendo incapaz de poseer todo el conocimiento necesario, el planificador central no es capaz de calcular racionalmente la eficiencia de los usos alternativos de los bienes de capital.

Con todo ello, gracias a la primera aportación de Mises y la ampliación de Hayek, podemos concluir *grosso modo* que sin mercados no hay precios (al menos reales); que sin esos precios es imposible coordinar el conocimiento disperso y no unificado; y que sin la imposible posesión de todo el conocimiento necesario, el planificador central es incapaz de calcular racionalmente todos los usos alternativos de los bienes capital y, desde luego, de elegir la alternativa más eficaz, eficiente y económica.

Así, la teoría económica *per se* no puede decir nada concluyente sobre la viabilidad de la planificación central, y la elección entre capitalismo y socialismo debe ser puramente política[81]. Además, para más inri, cabe destacar, tal y como lo hizo el economista Joseph Salerno, que para que los agentes económicos planificadores puedan planificar correctamente la actividad económica no solo necesitan conocimiento presente, o conocimiento pasado, sino también los precios o conocimiento futuro. Así se expresa en este sentido el profesor Jesús Huerta de Soto en *Socialismo, cálculo económico y función empresarial:*

> El conocimiento empresarial es privativo. Cada ser humano, al actuar en busca de sus fines particulares dentro de unas circunstancias históricas irrepetibles, genera en su mente una información

distinta a la de cualquier otro. Además, el conocimiento empresarial está disperso en la mente de aquellos seres humanos que lo han generado al actuar[82].

Y concluye:

El conocimiento empresarial es de tipo tácito no articulable: el actor aprende cómo realizar determinadas acciones (*know how*), adquiere determinados hábitos prácticos de conducta; pero sin llegar a conocer el fundamento científico de cada elemento de su acción (*know that*)[83].

Con lo que acabamos de explicar, cualquier intervención estatal estaría desacreditada o, al menos, debiera ser cuestionada y cuestionable.

Antes de pasar a criticar otra de las grandes y conocidas justificaciones de la intervención del Estado en la economía y sociedad, debemos entender qué es el multiplicador keynesiano y en qué lógica se basa. El economista Juan Ramón Rallo lo explica así:

El multiplicador keynesiano de la inversión indica que un aumento del gasto en inversión termina provocando un aumento multiplicado de la producción y de la renta. En principio, la idea base del multiplicador es que la inversión puede aumentar sin que el ahorro lo haga previamente: la inversión multiplica la renta lo suficiente como para aumentar el ahorro que autofinancie la inversión[84].

Sin embargo, advierte Rallo:

En contra de lo que decía Keynes, el multiplicador no niega la relación clásica entre ahorro e inversión: un mundo con abundantes recursos ociosos es un mundo donde el volumen de ahorro es muy elevado (si no lo fuera, los recursos no estarían ociosos, sino que se estarían consumiendo). Lo que sucede es que se trata de un ahorro materializado en liquidez (atesoramiento o desapalancamiento)[85].

Quien no escatima en crítica a este multiplicador es el ya citado catedrático Jesús Huerta de Soto:

> La ausencia de una teoría adecuada del capital también explica que Keynes desarrollara su concepción mecanicista del multiplicador de la inversión, que define como la inversa de uno menos la propensión marginal al consumo, de forma que cuanto mayor sea la propensión marginal al consumo, mayor será según Keynes el crecimiento de la renta nacional que se produzca como resultado de un aumento de la inversión[86].

Por su parte, Gottfried von Haberler explica: "El multiplicador keynesiano no es una proposición empírica que nos diga algo interesante sobre el mundo real, sino que es una proposición puramente analítica sobre el uso coherente de una terminología arbitrariamente elegida que nada explica sobre la realidad"[87].

Murray N. Rothbard en su libro *Falacias del sistema keynesiano* aludía a la función de consumo, que es, precisamente, en la que se basa el multiplicador de Keynes:

> La función de consumo está fuera de lugar en la economía. (…) Una función implica una relación cuantitativa determinada, y no existe tal determinismo cuantitativo. La gente actúa y cambia en todo momento; no existen determinantes causales, constantes y externos. (…) Las decisiones últimas las toman los individuos y la ciencia no puede determinarlas[88].

Así pues, el multiplicador keynesiano tampoco es un buen justificador de la intervención estatal.

Estamos sobrepasando, en el momento que escribo estas líneas, una grave situación de elevada inflación en todo el mundo, especialmente en España —país con mayor desempleo de toda la Unión Europea—, con, además, un paro desorbitado. Esto, aunado a un crecimiento económico que o bien está en frenazo o bien está en negativo, ha conllevado que la OCDE y múltiples organismos y *thinks tanks* ya hablen abiertamente de estanflación, un paso previo a la tabú recesión.

Estos ciclos económicos vienen acaeciendo y caracterizando a la macroeconomía desde tiempos inmemoriales también, y cómo no, han servido de justificación y legitimación de la *todopoderosa* intervención estatal. De hecho, como vimos, Stiglitz lo concibe todo como un fallo del mercado.

> Y es que los cambios monetarios jamás son neutrales. Cuando se crea determinada cantidad nueva de dinero, este siempre entra en la economía por un punto muy concreto: se gasta primero en determinados bienes y servicios, y solo después, lentamente, se van extendiendo sus efectos por el resto de la estructura productiva. Esto implica que determinados precios se verán afectados antes que otros, modificándose la asignación de recursos como consecuencia de ello. En efecto, gracias a la llegada del nuevo dinero, determinados empresarios que habrían obtenido pérdidas obtienen beneficios y muchos trabajadores, que no habrían encontrado trabajo en determinados sectores, se ven fácilmente empleados en los mismos; además, se crean nuevos tipos de negocios, ampliándose las instalaciones ya existentes[89].

Entonces, ¿qué ocurre si los precios se modifican artificialmente tras la inyección de nuevas cantidades de dinero?

> El tipo de interés reducido hace ahora aparecer como rentables procesos productivos que antes no lo eran, especialmente aquellos más alejados de la etapa final del consumo, y que son

relativamente más intensivos en capital. Se produce, además, de forma inmediata un alza en el precio de los bienes de producción[90].

¿Y este aumento artificial de masa monetaria qué acaba provocando? Una crisis.

> Pero por razones obvias (inflación insoportable, crisis del sistema monetario, etc.) la expansión crediticia no puede aumentar indefinidamente; llega un momento en que el reajuste se hace necesario, se acortan los procesos productivos, se abandonan las inversiones más alejadas del consumo por no ser ya rentables, y se trasladan recursos productivos de estas a otras fases más próximas a aquel: la depresión económica ha llegado. Se trata de una crisis de exceso de consumo, o si se prefiere, de escasez de ahorro, que no es suficiente para completar las inversiones más capital–intensivas[91].

Y entonces, ¿qué es la recesión? Pues ni más ni menos que una etapa para volver a equilibrar la economía. Un momento de ajuste.

> La recesión es, por tanto, una etapa de sano reajuste económico que no cabe evitar, sino tan solo facilitar, acabando con toda expansión crediticia o fomento artificial del consumo, y dejando que las fuerzas del mercado paulatinamente creen una estructura productiva, más acorde con los verdaderos deseos de los individuos que participan en el mismo[92].

Como acabamos de explicar, de una forma concisa, pues no es la parte focal de este trabajo, es que, tras ese supuesto fallo del mercado que ocasiona inflación, paro, crisis…, se esconde la mano de los Gobiernos nacionales u organismos internacionales, que aumentan la masa monetaria (que *in stricto sensu* es la definición de inflación: un aumento de la masa monetaria en circulación), ocasionan falsas expectativas en inversores —carentes de ahorro y recursos reales—, y que, gracias a la facilidad para obtener líneas de crédito, se animan a iniciar proyectos de inversión —que de otra forma no iniciarían— que tarde o temprano estarán abocados a un fracaso que se llama realidad. Porque la realidad económica siempre acaba haciendo mella ante el *emborrachamiento* artificial, coactivo y gubernamental de la economía.

Lo que dicen que es un fallo del mercado es realmente un fallo del Estado. Y, en todo caso, el mercado es el encargado de solucionar todos los males ocasionados y equilibrar la economía. Se llama recesión. Líneas más atrás hablaba de las externalidades y de los bienes públicos como fallos del mercado.

Lo que es evidente es que todo aquello que sea un efecto externo solo puede darse en ámbitos, espacios o lugares en los que no existen unos derechos de propiedad y estén, consecuentemente, socializados o bajo el control del Estado. Es decir, la externalidad negativa:

> solo se da en lugares públicos o comunes, como aguas de dominio público (ríos, mares, lagos, acuíferos subterráneos), no así en los manantiales privados, en el aire (también de dominio público) o en espacios públicos como calles, carreteras y otros. El problema y la carga de la prueba recaen sobre quien se arroga la titularidad de esos ámbitos, que, como veremos, son ámbitos ajenos por completo al mercado, y es el Estado, por tanto, quien debe justificar por qué están más sucias las calles de las ciudades que las calles privadas de los grandes centros comerciales; o por qué el agua de balnearios y manantiales donde se embotella con fines comerciales es más salubre que la de los ríos y embalses públicos; o por qué huelen peor los baños públicos que los de un establecimiento privado[93].

En suma, "la consideración de una externalidad como coste o beneficio no puede darse en ausencia de derechos de propiedad, pues esta afecta en alguna medida a la propiedad de una o más personas y son estas las que deciden si supone un bien o un mal"[94].

Y en cuanto a los bienes públicos, en primer lugar cabe destacar la mala definición y delimitación del concepto, y la gran cantidad de bienes a los que, en efecto, en mayor o en menor medida, pueden atribuírsele las dimensiones o características de los bienes públicos: "El olor de un perfume no permite la exclusión de quienes lo huelen y un beneficiado más de la fragancia no altera el coste de obtención del perfume"[95].

Y, además, "el que un bien tenga características de bien público no implica que sea necesario forzar a la gente a financiarlo coactivamente, dado que este puede ser financiado de forma privada o tal vez puede no ser deseable para muchos ciudadanos[96].

Y a esto le podemos sumar que: 1) si forzamos a toda la sociedad a financiar coactivamente tales bienes públicos, lo lógico sería que toda sociedad estuviera de acuerdo o agradado por tales bienes públicos; pero, ¿acaso el gasto en defensa satisface y agrada a los pacifistas, por ejemplo?, ¿acaso el gasto en seguridad pública agrada a los que trafican con droga? y 2) ¿son realmente los bienes públicos no excluyentes y su coste no se incrementa por un adicional usuario?

En lo que respecta a la no exclusión, es cierto que determinados bienes, como la defensa nacional, la seguridad o una banda de música tocando en la plaza pública no pueden, una vez establecidos, privar a nadie de su disfrute. Ahora bien, la calidad del disfrute no es la misma para todos los usuarios, llegando a constituir bienes distintos según la situación del usuario. Por ejemplo, no todas las ciudades de España están igual de defendidas frente a un enemigo potencial. (…) En lo que respecta a la afirmación de que un usuario más no incrementa el coste, podemos decir que es otra media verdad. En la producción de bienes públicos, como en muchos otros bienes, se dan fenómenos de escala y umbral, e incorporar a un usuario más puede tener un elevado coste marginal que desmiente la suposición de base[97].

Hablemos ahora de los monopolios, otro muy recurrente ejemplo que se suele argüir al hablar de fallos de mercado. Y, como podemos imaginar, los monopolios tampoco son excusa para la intervención del Estado.

Empecemos con unas palabras de Rothbard:

Solo los consumidores pueden decidir si dos productos ofrecidos en el mercado son un solo bien o dos bienes diferentes. Esta cuestión no puede resolverse mediante una inspección física del producto. La naturaleza física elemental del bien puede ser solo una de sus propiedades... Nadie puede estar seguro de antemano —menos aún el economista— de si un producto básico vendido por A será tratado en el mercado como homogéneo con el mismo bien físico básico vendido por B[98].

Por lo tanto, teniendo en cuenta las palabras del economista, la definición convencional que se le brinda al monopolio, esto es, la única empresa que vende un determinado bien, no es suficiente para identificar a un monopolista.

Mises, en su magistral *La acción humana,* fue todavía más claro y conciso en el asunto:

Si las condiciones son tales que el monopolista puede obtener mayores ingresos netos vendiendo una cantidad menor de su producto a un precio más alto que vendiendo una cantidad mayor de su suministro a un precio más bajo, surge un precio de monopolio más alto que el precio de mercado potencial que habría tenido en ausencia del monopolio[99].

Y quizás muchos autores, llegados a este momento, traigan a colación el concepto —y necesidad— de *competencia pura* para tratar de denostar el supuesto monopolio *natural*.

> Sin embargo, toda la idea de la competencia pura tan definida tiene poco sentido. La acción humana, incluyendo la demanda y la producción; de hecho, siempre ocurre en unidades discretas, nunca en infinitesimales. Por lo tanto, es absurdo pensar en una empresa lo suficientemente pequeña como para no hacer ninguna diferencia si produce una unidad de producción más o no[100].

Rothbard, por su parte, lo explica de esta forma:

> Si los productores intentan vender una cantidad mayor, tendrán que concluir su venta a un precio más bajo para atraer una mayor demanda. Incluso un muy pequeño aumento de la oferta llevará a una quizás muy pequeña disminución del precio. La empresa individual, por pequeña que sea, siempre tiene una influencia perceptible en la oferta total[101].

La conclusión parece clara:

> En la economía de libre mercado y monopolio no existe un marco que se distinga de la competencia *pura*. De hecho, los monopolios ineficientes solo surgen en casos de intervencionismo gubernamental (por ejemplo, mediante la exigencia de patentes, licencias, etc.). En el mercado libre, los consumidores que desean acceder a una mayor cantidad de bienes (tecnológicamente producibles) pueden hacerlo siempre que estén dispuestos a aumentar su demanda, con lo que aumenta el costo de oportunidad para el monopolista en la restricción de la oferta[102].

En conclusión, de haber algún fallo de mercado (que normalmente, como vimos, es fallo del Estado), se trata de un organización mucho más eficaz, eficiente y económica que el Estado. Pero aquí no acaba la cosa. Como un ejemplo vale más que mil palabras, en el siguiente capítulo profundizaré sobre estas cuestiones recuperando la vieja conocida política pública industrial.

Retomemos el ejemplo: la intervención estatal en la industria

"El deseo de un aumento de la riqueza puede ser satisfecho a través del intercambio, que es el único método posible en una economía capitalista, o por la violencia y la petición como en una sociedad militarista" .

Ludwig Heinrich Edler von Mises

Me costaba imaginar que llegara a emprender la ardua hazaña de escribir un libro, pero mucho menos que alguien llegara hasta este punto leyéndolo. Así que, si estás aquí, te doy las gracias y, sinceramente, espero que te esté gustando y, sobre todo, que te sirva de algo. Continúo con un tema importante.

Los políticos llevan desde hace décadas con aquello de "tenemos que industrializar España". Y aquí seguimos hoy, con la misma historia que habremos escuchado tantas veces: que si el turismo de sol y playa, los británicos que vienen a liarla a España todos los veranos, que ya está bien de que nuestro tejido productivo sea en su práctica totalidad pequeñas y medianas empresas, y no grandes industrias multinacionales... Llevamos así décadas. Pero lo que cuenta es la intención y más en política. El noventa y pico por ciento de lo que dicen nuestros políticos en campaña, y perdón por la generalización, se queda en una mera promesa de intenciones. Y soy de la tesis que mejor que nuestros gobernantes no hagan nada —o lo mínimo posible—, pues cada vez que hacen algo o bien lo empeoran o bien mejoran algo pero empeoran otras cosas.

No hay mejor ejemplo que el de la industrialización en España —política pública de la que ya hablamos páginas atrás— para entender lo dañino que puede llegar a ser la intervención estatal. No te lo pierdas. Los más acérrimos defensores de la intervención del Estado en la economía se han erigido ahora como los adalides de la lucha por el cambio de modelo productivo en España, sin darse cuenta de que aquella receta que propugnan es la radicalmente contraria para lograr tal fin.

Empecemos.

Como primera herramienta, que ya hemos tratado superficialmente en anteriores líneas, destacan las políticas monetarias y fiscales que engloban las políticas macroeconómicas. Se entiende que ambas políticas pueden estabilizar la demanda de los bienes y servicios (también aquellos industriales) y, por tanto, determinar o moldear la producción y mejorar la creación de empleo.

El propio Banco Central Europeo justifica la necesidad de las políticas monetaria y fiscal en el marco de la unión monetaria europea.

> La política monetaria y la política fiscal son dos instrumentos importantes para mantener la buena salud de la economía. Ambas influyen en ella, pero de maneras diferentes. La política monetaria trata de mantener estables los precios de los bienes y servicios que compramos. La función del banco central consiste en asegurar que la inflación —la tasa de variación de los precios generales de los bienes y servicios a lo largo del tiempo— sea baja, estable y predecible. La política fiscal se refiere a las decisiones económicas de los Gobiernos, que pueden decidir gastar dinero en prestar servicios públicos, apoyar a la economía y reducir las desigualdades. Pueden recaudar ese dinero a través de impuestos u obtenerlo prestado en los mercados financieros[103].

Ambas políticas interactúan entre sí:

> Las políticas monetaria y fiscal funcionan de maneras distintas, pero también interactúan entre sí, ya que la estabilidad de precios y el equilibrio económico son dos caras de la misma moneda. Este vínculo es particularmente estrecho en tiempos de crisis, como hemos visto durante la pandemia. La crisis golpeó duramente a Europa y afectó a la economía, pero las políticas monetaria y fiscal trabajaron codo con codo para mejorar las cosas. Este enfoque conjunto ayudó a muchas personas y empresas a superar la crisis[104].

En este sentido, ambas políticas macroeconómicas, se infiere, establecerán un marco económico saludable y propio para el desarrollo de las políticas de reactivación industrial.

Autores como Antony P. Mueller, empero, son muy críticos con este tipo de herramientas políticas. Señala que estos estímulos políticos incentivan la realización de proyectos que están abocados al fracaso, que no se llegarán a completar e, incluso, que se quedarán sin financiación al no ser esta sostenible.

Lo que caracteriza a un buen economista es, precisamente, que sea capaz de plantear el largo plazo y no únicamente el corto. Aunque las políticas estatales de estímulos puedan llegar a incidir positivamente en el crecimiento a corto plazo (que ni tan siquiera ocurre esto en todos los casos), lo importante es entender los efectos que pueda tener a largo. Y, tal y como ya hemos visto, estimular la economía vía expansión monetaria puede ocasionar un efecto placebo a corto plazo, pero, desde luego, incentivar las malas inversiones y conseguir que muchos proyectos se vean como inviables a largo plazo, lo cual ocasionará una crisis y, así, la urgente necesidad de una recesión para que el mercado equilibre sus cuentas y vuelva a la realidad económica.

Muy relacionado con lo anterior se encuentra otra herramienta muy recurrente en la oratoria política y gestión macroeconómica: los impuestos y la distribución de la renta. Los impuestos, tal y como ya hemos contado, distorsionan el mercado haciendo que tanto los consumidores como productores vean constreñidos u obstaculizados sus deseos de satisfacer sus necesidades de la forma más eficiente posible, además de reducir de forma coactiva el Estado parte de su renta. En el siguiente apartado profundizaremos en esta crítica. Además, los impuestos tienen otra derivada: la distribución. Al extraer coactivamente una parte de la renta de los ciudadanos, se genera la necesidad de *distribuir,* más bien de *redistribuir,* parte de lo recaudado entre *los otros.* En este sentido, y aplicándolo a lo que nos atañe, el Estado podría beneficiar o perjudicar a los productores industriales que, en su gran mayoría, son pequeñas y medianas empresas (el grueso del tejido productivo español), con una subida o bajada de impuestos y su redistribución entre la sociedad en la que se encuentran los potenciales consumidores de los productos y servicios dispuestos en el mercado.

> El impuesto es el ingreso público predominante, en el sentido de ser el ingreso que aporta la mayor recaudación respecto a los demás… Existe una gran variedad de definiciones, que ofrecen diversas características, entre las cuales he seleccionado las que incluyo en la fórmula definitoria, la cual se puede enunciar de este modo: el impuesto es un ingreso público que se caracteriza por financiar los servicios públicos indivisibles, ser exigido obligatoriamente, tener su fuente ordinaria en la renta neta no exenta y producir unos considerables efectos económicos[105].

La distribución de la renta tras la incautación coactiva y obligatoria de esta vía impuestos por parte del Estado se justifica recurrentemente así:

El crecimiento no es socialmente sostenible si no es inclusivo. En la práctica ello se traduce en que los avances de la sociedad deben permitir mejoras al conjunto de la población, así como el disfrute de estas por todos sus miembros. En las sociedades modernas actuales, los dos grandes cauces por los que esta participación se produce son el acceso al trabajo y la actuación incluyente del sector público en una serie de ámbitos entre los que destacan: la protección social frente a riesgos, como los asociados al desempleo o la vejez, y la igualdad de oportunidades en el acceso a los servicios públicos fundamentales, como la educación y la salud[106].

Los impuestos, sustentados en la idea de la distribución e igualdad social, consiguen que, irremediablemente, los individuos sometidos al robo *legítimo* del Estado reduzcan su estándar de vida, su patrimonio y, consecuentemente, la capacidad de invertir sus bienes y riquezas en aquello que deseen, para satisfacer las necesidades gubernamentales. La idea no es usar tu dinero que legítimamente has conseguido en lo que quieras, sino en lo que el Estado entiende que es más beneficioso, igualitario (supuestamente) y *cool.*

Pero más allá de la crítica que ya le hemos hecho a los impuestos desde un punto de vista económico, también se pueden criticar desde un punto de vista moral: son inmorales. Desproveer coactiva y violentamente a una persona de sus bienes y patrimonio privado es siempre inmoral. Y los impuestos, como su propio nombre hace referencia, no son voluntarios, sino coactivos, y por tanto, inmorales.

Otra de las políticas macroeconómicas que el Estado puede aplicar para controlar o potenciar la política industrial es el control de precios.

El control de precios es un mecanismo por el cual la autoridad gubernamental impone valores determinados para los precios de bienes y servicios dentro del mercado nacional, con la ilusoria finalidad de mantener la disponibilidad de esos bienes y servicios para los consumidores, evitar incrementos de precio durante periodos de escasez, o inclusive para asegurar una renta en beneficio de los productores de ciertos bienes, de la misma manera que un subsidio. Otra forma de ejecutar un control de precios consiste en la fijación de precios máximos o precios mínimos[107].

Otra justificación de la intervención del Estado de los precios es esta:

Según la teoría del libre mercado, el mercado mismo, mediante la conocida ley de la oferta y demanda, debe regular los precios de los bienes y servicios, pero en ocasiones el Estado decide intervenir mediante la fijación de precios máximos al público. Ya sea por la detección de fenómenos especulativos o por una medida social encaminada a proteger derechos básicos de los ciudadanos como la salud o la alimentación, el Estado fija un sistema de precios máximos sobre determinados bienes y servicios que tienen un fuerte efecto tanto en la demanda como en la oferta. La intervención del Estado puede conseguir resultados diferentes como la corrección de imperfecciones del mercado o simplemente distorsionarlo afectando desde oferentes hasta consumidores[108].

En este sentido, la disposición de un precio máximo o de un precio mínimo sobre un producto industrial, según estas justificaciones, podría conducir a incentivar la reactivación de la compra o producción de esos bienes industriales. El control de precios por parte del Estado será ineficaz o sencillamente no ocasionará efecto alguno si la regulación del precio (bien mínima o máxima) no afecta al precio real de mercado. Pero si la regulación consigue cambiar el precio de mercado, puede ocasionar un problema de oferta o demanda. Habrá precios máximos (por ejemplo, la típica regulación con precios máximos de los alquileres) que ocasionarán que a ese precio haya personas que entiendan que no compensa producir o poner un bien en oferta ante la ganancia que van a obtener. En otras ocasiones, si la regulación es con precios mínimos, habrá consumidores a los que les sea inasumible costear ese precio mínimo, y eso ocasionará un problema de demanda —y, en últimas instancias, también de oferta—. En suma, si el precio máximo o mínimo dispuesto por el Estado modifica el precio de mercado, sus efectos claramente no serán neutros.

Otra de las herramientas que el Estado puede aplicar para el desarrollo de industria, máxima en un país como España con tantas divergencias económicas y de desarrollo entre las diferentes regiones que la conforman, son, en efecto, las políticas de ordenación territorial, medioambiental y de desarrollo sostenible. Y precisamente estas políticas pueden tener un sustancial efecto en la industria si se interrelacionan con otras que busquen el desarrollo sostenible y la búsqueda de un paradigma, ya presente, que se basa en organizaciones, procesos, productos y servicios *verdes,* esto es, que son más eficientes en el uso de energía y recursos (insumos, por ejemplo) y que consecuentemente tienen un menor impacto sobre el clima. La utilización y desarrollo de energías renovables, el incentivar el uso de transporte público u otros tipos de transporte más *sostenibles* y, en fin, toda aquella infraestructura que proteja a la naturaleza, así como el mantenimiento de las existentes.

El mercado, quieran o no nuestros políticos, funciona con una lógica: los individuos que participan en él siguen una estructura temporal que los lleva a asignar factores productivos de acuerdo con los ingresos que estiman obtener y, además, tratan de maximizar el valor del presente. Existe una mayor preferencia temporal por lo presente que por lo futuro. Teniendo esto en cuenta, podemos argüir que las políticas de ordenación territorial, medioambiental y de desarrollo sostenible entienden al empresario como una persona sin capacidad de previsión y como un completo ignorante, que sin la ayuda del Estado es incapaz de hacer frente a las divergencias de los territorios y a la necesidad de ser sostenibles con el medioambiente, que es, para muchos empresarios, su principal fuente de insumos e ingresos.

Otra de las políticas o herramientas principales con las que cuenta el Estado para el desarrollo de la política industrial es el establecimiento de servicios públicos eficientes, esto es, la creación de un marco industrial que permita a las empresas y empresarios desarrollar su actividad económica de una forma más solvente, eficiente y eficaz. Se trataría de potenciar la coordinación y relación público-privada para beneficiar la expansión de la actividad industrial. Sin embargo, no podemos perder de vista el supuesto objetivo básico y fundamental del sector público:

> La mayor parte de las actividades y actuaciones del sector público están dirigidas a garantizar un nivel y calidad de vida suficiente a todos los ciudadanos dentro del denominado estado del bienestar. Las políticas de bienestar social consisten en aplicar las medidas desarrolladas por las AA. PP., con el objetivo de proveer y producir bienes y servicios sociales para mejorar las condiciones materiales de vida de los individuos, así como para aumentar su calidad de vida. Por ejemplo, es el caso de los servicios de sanidad, seguridad social, educación, vivienda, protección social y promoción social, urbanismo, ordenación del territorio, ocio, cultura y protección del medio ambiente, entre otros[109].

En tal estado del bienestar y en su incuestionable existencia e importancia han influido, empero, las crisis económicas de finales del siglo pasado:

> Las crisis económicas tanto de principios de los años ochenta como noventa han supuesto los primeros varapalos de estas políticas públicas. En efecto, en la primera de estas crisis se cuestionaron de un modo generalizado los tradicionales efectos positivos atribuidos a este tipo de políticas, y en la segunda se profundizó en esta desconfianza, proponiéndose un estado de bienestar social mixto, es decir, no solo con una participación del sector público, sino también del sector privado, la cual debería impulsarse con el tiempo[110].

Hay que tener en cuenta, además, que los cambios socio demográficos de la población —especialmente la española— están afectando al sostenimiento presente y sobre todo futuro del estado de bienestar:

> En la actualidad, esta crítica al tradicional estado de bienestar se ha acrecentado al cuestionarse su sostenibilidad, debido fundamentalmente a factores tales como el envejecimiento de la población y la caída de la natalidad, los cuales van a generar necesariamente un mayor gasto público (con especial incidencia en la sanidad y las pensiones, mientras que las cotizaciones de la población empleada van a disminuir)[111].

Así, el fin último del gasto público que conlleva el estado del bienestar es incrementar el bienestar de los individuos mediante la producción de los denominados bienes preferentes (aquellos bienes o servicios imprescindibles para el desarrollo del individuo y que el sector público obliga a consumir en cantidades incluso superiores a las preferencias personales; por ejemplo, la educación, la vivienda, etc.) y los programas de prestaciones económicas (que consisten en transferencias monetarias del sector público hacia los individuos para garantizar un nivel de vida digno; por ejemplo: el subsidio de desempleo, las pensiones, etc.). El conjunto del gasto se financia con el total de recursos que tiene asignado el sector público, a los que se denominan ingresos públicos, y que proceden fundamentalmente del pago de los impuestos que soportan las familias y las empresas[112].

Así pues, es de especial relevancia para analizar, controlar y valorar la eficiencia del sector público el concepto de déficit público que se origina cuando un Estado no es capaz de recaudar suficiente dinero para afrontar sus gastos. Normalmente se representa en porcentaje del PIB del Estado, para que sea más fácil su comparación con otros Estados. Y como consecuencia de este gasto extra, el Estado tiene que incurrir en deudas. Al total de deudas que tiene un Estado se le conoce como deuda pública. Es decir, es la suma de todos los déficits públicos que ha tenido a lo largo de la historia, descontando los superávits[113].

En todo caso, no se debe confundir el concepto de eficacia con el de eficiencia:

La eficacia es un término que mide el grado de cumplimiento de un objetivo propuesto por una entidad. Si se ha alcanzado plenamente el objetivo planteado inicialmente, se dice que se ha actuado con eficacia. (…) Debe tenerse presente que una actuación eficaz no implica eficiencia en la consecución de los objetivos planteados. A la inversa, se puede dar el caso de una entidad que minimice el consumo de factores productivos (actuación eficiente), pero que no cumpla los objetivos preestablecidos (actuación ineficaz). Sin embargo, en el ámbito de actuación de una entidad pública es frecuente que el cumplimiento de los objetivos previstos (eficacia) se anteponga a la asignación racional de los recursos (en términos de eficiencia)[114].

El problema de toda esta retórica es que el Estado es incapaz de ofertar servicios públicos eficientes. En primer lugar, es imposible conocer la verdadera eficiencia de un servicio si los consumidores no pueden elegir libremente. No se sabrá si reúne las características necesarias para satisfacer a los consumidores. El Estado, a diferencia del sector público, no se rige por el sistema de beneficio y pérdida, porque no se trata ni del dinero ni del patrimonio privado de los gobernantes de turno. Esto es, no le dolerán malgastar el dinero público porque no es su dinero privado, es dinero del contribuyente. Y, es más, toda asignación de bienes y servicios públicos se hace siguiendo el criterio del gobernante y no el de la satisfacción de los de los consumidores.

Otra de las herramientas que los Gobiernos suelen usar tanto para el desarrollo de la industria como el de cualquier otro sector son las ayudas estatales y los subsidios. Los subsidios son ayudas que los poderes públicos otorgan a determinados ciudadanos, principalmente con el fin de brindar acceso a los bienes y servicios básicos[115]. En cuanto al concepto de *ayuda estatal,* la propia Unión Europa lo define así:

> Existen cuatro criterios acumulativos para la presencia de ayuda estatal: que la ayuda sea otorgada por un Estado o mediante fondos estatales; que favorezca a una o más empresas: existe una ventaja selectiva; que la ayuda falsee o tenga el potencial de falsear la competencia; y que afecte a los intercambios comerciales entre Estados miembros[116].

Un ejemplo reciente de ayuda pública–estatal que el Gobierno de España ha puesto a disposición del sector industrial ha sido la denominada *ayuda a la iniciativa Industria Conectada 4.0/ACTIVA Financiación,* que...

persigue el apoyo a proyectos que promuevan la transformación digital de las empresas industriales y a la mejora de su sostenibilidad ambiental como consecuencia de su digitalización. En particular, esta actuación tiene como objetivo apoyar la incorporación de conocimientos, tecnologías e innovaciones destinadas a la digitalización de los procesos, y a la creación de productos y servicios tecnológicamente avanzados y de mayor valor añadido en las empresas industriales [117].

Los subsidios, como es evidente, son un sistema de distribución al margen del mercado y de su equilibrio. Las ayudas estatales permiten acceder a riqueza por medio de la coerción del Estado y, consecuentemente, alargar la vida de empresas, proyectos, formaciones… que son ineficientes o ineficaces y que en libre mercado estarían abocados a desaparecer y *dejar sitio* a otros que sí lo son. Y todo sufragado con dinero del contribuyente, con nuestro dinero.

Otra de las políticas que se aplican en el ámbito de la industria —y otros sectores— es la creación de un mercado interno y la compra pública. Hay una serie de sectores que el Gobierno de un país puede considerar como estratégicos, bien porque tengan un especial potencial de innovación o bien porque su mantenimiento y sostén sean claves para el presente y el devenir de la ciudadanía.

Un sector estratégico hace referencia a un sector, o varios, que puede ser considerado de vital importancia para el conjunto de la economía de un país. Un sector estratégico, de verse mermado, podría comprometer las condiciones de vida de los ciudadanos en una economía determinada, así como su estilo de vida. Dependiendo de la composición del producto interior bruto (PIB) de cada país, los sectores estratégicos pueden variar; es decir, si una economía depende en un 40 % de su PIB de un sector como el del automóvil, estaríamos hablando de que este, para esta economía, sería un sector estratégico [118].

Y por y para ello el Gobierno de un país puede recurrir a la compra pública total o parcial de una empresa considerada como estratégica (lo que garantizaría una oferta sostenida de tal empresa), o además, el Gobierno puede establecer por ley estándares tecnológicos o industriales y otro tipo de regulación como los impuestos.

Hay varias justificaciones para entender el porqué de la compra pública:

> 1) Se cree que, gracias a su capacidad adquisitiva, los Gobiernos pueden dar forma directa e indirectamente a la innovación. Las empresas pueden hacer frente así a los costes hundidos de grandes y arriesgadas inversiones durante un cierto periodo de tiempo. Además, al crear un efecto señalizador como el principal usuario, los Gobiernos pueden influir también en la difusión de la innovación. 2) La demanda del sector público puede contrarrestar los problemas de acceso a la financiación que pueden afectar especialmente a las empresas pequeñas. 3) Las iniciativas por el lado de la demanda pueden ser efectivas a la hora de estimular misiones orientadas de innovación, creando un mercado para tecnología en áreas donde hay limitaciones de tiempo para alcanzar un desafío social, tales como el envejecimiento de la población, la salud o el medio ambiente. 4) La prestación de servicios públicos esenciales puede volverse más rentable al tiempo que avanza la innovación dirigida. 5) Otro rasgo atractivo de la compra pública es que tiene un carácter horizontal, no vertical, es decir, no está dirigida específicamente a empresas concretas, sino que puede estar diseñada para premiar la innovación y la eficiencia allí donde aparezca[119].

En España, concretamente, hemos asistido a un reciente ejemplo en este mismo sentido: la compra del Gobierno de España de un 3 % más de Corporación Financiera Alba (INDRA)[120].

Las críticas a esta herramienta de compra pública son múltiples y sólidas, y se pueden sintetizar en que no hay mayor *lugar* donde se satisfagan las necesidades de los consumidores que en el mercado. Ahí donde haya una necesidad, habrá una empresa dispuesta a satisfacer esas necesidades y obtener un beneficio por ello. Es incomprensible, por tanto, que se entienda que solo el Estado pueda garantizar una correcta satisfacción de las necesidades. El problema reside en que el Estado entiende por satisfacción y necesidades bienes y servicios que ni a los consumidores les satisface, ni les es una necesidad. Consecuentemente, ningún empresario estaría dispuesto a llevar a cabo una iniciativa empresarial, por resultar negocios ineficaces e ineficientes.

Otra de las herramientas que los Gobiernos suelen aplicar en el ámbito industrial para potenciar la creación de empresas (máxime cuando la mayoría del tejido productivo son pequeñas y medianas empresas como ocurre en España) es la facilitación del acceso al crédito. Anteriormente poníamos sobre el papel los ambiciosos objetivos que trata de conseguir la Unión Europea en materia de política industrial. Se trata, en efecto, de consecuciones costosas tanto para las empresas ya creadas como para las empresas de nueva creación, lo que exige el acceso y el desarrollo de nuevas formas de financiación.

Otra de las políticas que los Estados expansivamente han implementado en materia de política industrial son las leyes de patentes y de propiedad industrial. Así, gracias a la propiedad industrial, se pueden obtener derechos en exclusiva sobre *creaciones inmateriales.* Concretamente en España hay varios tipos de derechos de propiedad industrial[121]:

- Diseños industriales: protegen la apariencia externa de los productos.
- Marcas y nombres comerciales (signos distintivos): protegen combinaciones gráficas o denominativas que ayudan a

distinguir en el mercado unos productos o servicios de otros similares ofertados por otros agentes económicos.
- Patentes y modelos de utilidad: protegen invenciones consistentes en productos y procedimientos susceptibles de reproducción y reiteración con fines industriales.
- Topografías de semiconductores: protegen el esquema de trazado de las distintas capas y elementos que componen un circuito integrado, su disposición tridimensional y sus interconexiones, es decir, lo que en definitiva constituye su topografía.

Para cada uno de estos derechos hay una legislación aplicable y, en efecto, los derechos de propiedad industrial permiten a quien los ostenta decidir quién puede usarlos y cómo puede usarlos.

Con esta política, el Estado está beneficiando a la primera empresa o persona que realiza la patente, pero está excluyendo coactivamente al resto de los competidores, lo que ocasiona un problema de competencia (y por tanto de mejora del producto para satisfacer mejor las necesidades de los consumidores) y, *grosso modo,* la imposibilidad de reducir el precio en el mercado ante la inexistencia, como decíamos, de competencia.

Y, para finalizar, otra de las herramientas más recurrentes de los planificadores políticos es la política de innovación e I+D. Primeramente definamos ambos conceptos.

Podemos definir *innovación* como un proceso que modifica elementos, ideas o protocolos ya existentes, mejorándolos o creando nuevos que impacten de manera favorable en el mercado[122]. Como estamos comprobando, normalmente el concepto de innovación se asocia automáticamente con el de mejora. Sin embargo, no hay nada que garantice que una innovación conlleva una mejora implícita —aunque el objetivo perseguido sea ese— por el simple hecho de innovación. Una innovación puede significar perfectamente un cambio inútil, ilógico o que sencillamente no mejore el bien o servicio. Mucho menos se puede garantizar que el apoyo del Estado a la innovación (bien vía regulación, vía subsidios o ayudas estatales…) conlleve necesariamente a una mejora del bien (industrial, en este caso), del servicio o incluso del proceso de producción. El problema, además, reside en que, si el apoyo o incentivo a la innovación fracasa en la mejora perseguida, estaremos derrochando absurdamente dinero del contribuyente (porque el dinero público no existe, existe el dinero del contribuyente aportado vía impuestos).

Por su parte, el concepto de *I+D*, intrínsecamente relacionado con el de innovación, se refiere al proceso de investigación (I) y desarrollo (D) en conocimientos científicos y técnicos, con el objetivo de desarrollar tecnologías para obtener nuevos productos, materiales o procesos. Para ello, en las actividades de I+D será fundamental que pueda apreciarse un importante nivel de creatividad o novedad. Así, el objetivo que se persigue con la inversión en investigación y desarrollo es conseguir una innovación que logre aumentar las ventas de la empresa. Esto puede ser por medio de una mejora de la calidad del producto o servicio, o la reducción de su precio; es decir, lograr una ventaja competitiva[123].

Más allá de que el Estado regule la economía y favorezca inversiones o proyectos que en el libre mercado estarían abocados al fracaso por ineficientes, ineficaces y poco económicos, se podría objetar que el apoyo a la innovación no siempre tiene que conducir a un desarrollo o a una mejora de la vida de las personas, o que se pueden apoyar, en pro del I+D, proyectos que realmente no mejoran en absoluto la vida de los individuos, ni crean riqueza ni, en suma, satisfacen las necesidades de los consumidores.

El dinero público no existe, existe el dinero del contribuyente

"El opio del pueblo es la expansión crediticia".

Jesús Huerta de Soto

En cuarto de carrera, tras acabar con las clases presenciales de la Universidad, me vine a vivir a Madrid. Era una aspiración que, por fin, pude hacer realidad. Las prácticas de la carrera y el TFG lo desarrollé en la que llaman la gran ciudad de la libertad. Y, debo confesar, que eso antes de venir a vivir a Madrid no me lo creía: ¿un lugar donde se respete a cada uno y al proyecto vital que ha elegido? ¿Una región en la que su gobierno se inmiscuirá lo menos posible en la vida económica, social y privada de los individuos? No me lo creía y finalmente me lo acabé creyendo. Si hay una cultura política en España dispuesta a entender lo que el liberalismo verdaderamente profesa, esta es la madrileña. Ciertamente me han acogido desde el primer momento y he sentido que aquí, en la que ya considero mi casa junto con mi amada Galicia, no te ven ni raro, ni loco, ni te criticarán por ser quien eres y vivir la vida que desees.

No es casual que el motor económico de España (que hasta el 2017 era Cataluña), que la región que más inversión extranjera capta, la que sistemáticamente tiene los mejores datos de creación de empleo, la que más y mejor equilibra y sanea sus cuentas públicas, la que ha eliminado todos los impuestos propios, la ciudad que más turismo acoge y la que ostenta un positivo en la inmensa totalidad de los indicadores socioeconómicos sea la

Comunidad de Madrid. No es casual. Se llama aplicar la receta de libertad económica, política y social, y que el Gobierno se meta lo menos posible en la vida de los individuos. Se llama bajar los impuestos, facilitar la creación de empresas con un caldo de cultivo fiscal atractivo y creérselo. Eso es fundamental. Pensar a lo grande y tratar de conseguir tus objetivos a base de trabajo, esfuerzo y constancia.

La carrera se acabó. Atrás quedaron cuatros preciosos años universitarios que tantas experiencias y aprendizaje me dejaron. Ahora toca seguir formándome, eso nunca dejaré de hacerlo, pero también ganar experiencia en un cada vez más competitivo y exigente contexto laboral globalizado.

Y, posiblemente, la lección más importante que he ido aprendiendo es que en esta vida nada, absolutamente nada cae del cielo. Todo requiere de sacrificio. Nada es gratis. Y mucho menos lo son los servicios públicos. Los servicios públicos se sufragan con dinero público y el dinero público proviene del pago de impuestos (directos e indirectos) que coactivamente ejercemos los ciudadanos. *Ergo,* el dinero público es realmente el dinero del contribuyente. Nuestro dinero, el de los contribuyentes. Y, consecuentemente, ningún servicio público es gratis: los colegios públicos no son gratis en comparación con los colegios privados, los hospitales públicos no son gratis en comparación con los hospitales privados, las universidades públicas no son gratis en comparación con las universidades privadas... Así podría seguir con cada uno de los servicios públicos que conforman el conocido estado del bienestar. No. Nada es gratis, todo hay que pagarlo.

Es más, la mayoría de los contribuyentes españoles no son conscientes de la cantidad real de impuestos, directos e indirectos, que paga mes tras mes. El Día de la Liberación Fiscal (informe anual elaborado por la fundación Civismo), esto es, el día que los españoles empezamos a trabajar para nosotros mismos y no para pagar impuestos a Hacienda comienza normalmente a finales del mes de junio o inicios del mes de julio. Varia, año tras año, tanto en España, dependiendo de si la presión fiscal aumenta o disminuye en tal año; como en cada comunidad autónoma, dependiendo del nivel de impuestos compartidos y propios de que disponga cada una. Aunque normalmente, como decía, en España en su conjunto tal día suele caer a finales del mes de junio o inicios del mes de julio, es decir, por muy loco que parezca, todo lo que ganamos hasta ese día se va para las arcas de Hacienda y no para nuestra cuenta bancaria. O, dicho de otra forma, un español medio trabaja unos 190 días para Hacienda y no para ahorrar para sí o para consumir y satisfacer sus necesidades. Casi nada.

Pero la pregunta del millón: ¿en qué se gasta la recaudación vía impuestos directos e indirectos y, por ende, el dinero de todos los contribuyentes? ¿Va la mayoría para educación y sanidad como se cree? Pues no.

En este 2023 —año en el que estoy escribiendo este libro—, las partidas de gasto más importantes a las que van a ir destinada la recaudación de Hacienda son, ordenadas de mayor a menor:

1. Pensiones: 190 684 246 150 €
2. Transferencias a otras Administraciones públicas:
   66 457 250 490 €
3. Deuda pública: 31 275 104 090 €
4. Otras prestaciones económicas (subsidios de incapacidad temporal y otras prestaciones de la Seguridad Social; ingreso mínimo vital y prestaciones familiares, prestaciones económicas por cese de actividad; prestaciones de garantía salarial...):
   22 299 229 990 €
5. Desempleo: 21 277 384 680 €
6. Defensa: 12 313 865 490 €

7. Infraestructuras: 10 869 598 590 €
8. Seguridad ciudadana e instituciones penitenciarias: 10 718 220 830 €
9. Investigación, desarrollo e innovación: 10 449 244 870 €
10. Servicios de carácter general (aportaciones al Mutualismo Administrativo, Elecciones y Partidos Políticos, Gestión del Patrimonio del Estado, Formación del personal de las Administraciones públicas…): 9 657 929 040 €
11. Industria y energía: 9 002 384 560 €
12. Agricultura, pesca y alimentación: 8 511 340 860 €
13. Fomento del empleo: 8 028 626 590 €
14. Servicios sociales y promoción social: 7 113 834 680 €
15. Sanidad: 7 048 459 800 €
16. Educación: 4 922 745 740 €
17. Subvenciones al transporte: 3 447 680 300 €
18. Justicia: 2 290 664 780 €
19. Gestión y administración de la Seguridad Social: 2 259 255 210 €
20. Política exterior: 2 190 349 640 €

Pues no. Atendiendo a los PGE 2023, podemos comprobar que de los más de 580 000 millones de euros que el Ejecutivo prevé gastar, en Sanidad y Educación —sumando la partida directa y lo transferido a las Comunidades Autónomas al ser su competencia—, se va poco más de 61 000 millones (de 580 000 millones). Ergo, del gasto público total apenas un 10 % va para Sanidad y Educación.

Es más, y como datos para que reflexiones, te diré que la Airef (Autoridad Independiente de Responsabilidad Fiscal) cifró el pasado año 2022 en 60 000 millones los gastos superfluos del Estado español. Es decir, que de gestionar más eficaz y eficientemente el dinero de los contribuyentes, nos podríamos ahorrar unos 60 000 millones de euros de gasto inútil. Y otro dato más que ha de entenderse con el anterior: la presión fiscal en España, tal y como manifiesta el *Informe sobre competitividad fiscal 2022 en España* elaborado por el Instituto de Estudios Económicos (IEE), está al alza —en máximos, concretamente—, superando el 42 % del PIB en 2022 y, consecuentemente, por encima del promedio de la Unión Europea en un 41,7 % aproximadamente —con datos del 2021, los últimos disponibles—. Y lejos de bajar, la presión fiscal ha aumentado en este año 2023 por la introducción de nuevos tributos.

Nada es gratis en esta vida, está claro.

Muchas gracias por haber llegado hasta aquí, querido lector. Espero, de corazón, que te haya permitido, al menos, reflexionar sobre ciertos aspectos y creencias y ojalá hubiera conseguido mi principal objetivo: que quieras profundizar sobre todas o algunas de las claves que expongo y que a mí me hicieron transitar del socialismo al liberalismo.

Un fuerte abrazo, querido lector, y mis mejores deseos para ti y los tuyos.

Hugo Pereira

Epílogo

Hugo Pereira es él y sus circunstancias, a sabiendas de que me acabo de convertir en una circunstancia hecha epílogo. Para mí Hugo Pereira es una circunstancia activa e inquietante que hace del micrófono en radio y televisión una forma espectral de vida, y que es capaz de sostener una conversación lúcida a una buena hora de la madrugada en un tablao flamenco en Triana en una noche de lunas blancas sevillanas. Probablemente, a alguien como Antonio Burgos le sería suficiente esta última constatación para que formara parte de la congregación ilustre de los bienaventurados en vida. Para mí, que tengo el privilegio de conocerle algo más, es un hombre, a pesar de su edad, bregado en la lucha y, como él mismo señala, estigmatizado por las heridas insondables que dejan quienes nos abandonan. Sería fácil decir que su padre estaría muy orgulloso de este libro y, por tanto, de su hijo, y como es precisamente fácil y, ante todo, justo, lo digo a quemarropa.

No es la primera vez, ni será la última, que un hombre ilustrado escriba las razones de su evolución política. Hay errores de partida y errores de llegada, aunque pensar no es un error. Lo que es un error es ser pensado de modo que los demás piensen por ti. Lo que llama la atención del libro es que, a pesar de que, como decía, hay nacionalistas que dejaron de serlo y lo contaron, o comunistas que dejaron también de ejercer y lo describieron, Hugo Pereira reconozca esta transición de pensamiento con apenas 23 años. Los demás, por contrición, por oportunidad o por falta de coraje, tardaron muchos años en contarlo. Cuestión de tiempo.

El presente son días en los que triunfa el sentimentalismo y las emociones sustituyen al pensamiento práctico o al imperio de las ideas. La política se presenta como un gran *reality* donde vencen las sensaciones y los sentimientos más básicos frente a las necesidades racionales. Por eso, que Hugo Pereira asalte el cosmos de las ideas para presentar las suyas, reconociendo su evolución, es una llamada a la razón política. Lamentablemente, la victoria de la representación visual o de la frase ocurrente y rápida frente al mundo de las ideas ha abocado a una depauperación de la actividad política. Que el autor nos invite a leer ya es una impugnación a la totalidad de la *mediocritacia.*

El narcisismo hortera de la imagen ha desplazado compulsivamente a la acción política, como una fórmula de escape para evitar el conflicto de las ideas. Es la banalidad de la estética. El talante, un sumidero de voluntarismo y de relativismo, se ha impuesto al talento, cada vez más damnificado en la pira del efectismo en la piel de gallina de los supervivientes que juegan al desafío de sobrevivir cada día en el océano de la política. Reconozco que empiezo a considerar que el esfuerzo y la experiencia profesional son principios en franca regresión, heridos de muerte por las artimañas del tacticismo flotante y de la infatuación juvenil con dientes blanqueados. Que alguien como Hugo Pereira nos ofrezca la oportunidad de ordenar su forma de pensar y ofrecernos su pensamiento, en el quicio de la libertad de pensar y en el quicio de la libertad de disentir y hasta de errar, nos dice que no está todo perdido.

Frente a una parte de la sociedad en la que los valores se han privatizado, como lastres del viejo pensamiento fuerte, es un placer tener la opción de que el pensamiento se abra paso. Los hay para los que no supone ninguna carga de conciencia la posible renuncia a sus valores y principios porque nunca los han tenido. Entre "a la política por la demoscopia" y "a la política por doscientos me gusta", me temo que se podría obtener la mayoría suficiente en el Congreso para formar Gobierno. Como los hay, como Hugo Pereira, que, sin excusas ni coartadas, se presentan con absoluta clarividencia ante los demás, a expensas de ser sometidos al escrutinio del lector.

Pensar críticamente y hacer oficio de ese pensamiento es un deporte de riesgo entre tanta mediocridad. La democracia igualitarista del mediocre lleva a nivelar a todos acomodaticiamente, porque el mediocre solo sabe organizarse en torno a más mediocres. El mediocre consume palabras vacías, lenguaje insulso, convenciones semánticas que atacan el más básico instinto racional. Plutarco y su doctrina campan actualmente: "El charlatán pretende hacerse amar y solo consigue ser aborrecido; quiere ser obsequioso y no logra sino hacerse importuno; busca el que se le pone en ridículo; gasta para no recoger; ofende a su amigo, sirve a sus enemigos y trabaja en su propia ruina".

Hugo Pereira, buen conocedor de las redes sociales, sabe que la sociedad está plagada de bienintencionados que aceptaron el leviatán digital como un territorio cuasilibertario donde podía desaparecer la intermediación para hacer de la democracia un espacio libre de interferencias y filtros. La utopía de la democracia directa frente a la democracia representativa parecía abrirse paso a través de la democracia digital. Sin embargo, las buenas intenciones sucumbieron pronto ante la constatación de que la soberanía digital no radicaba en los usuarios, como aparentemente podría pensarse, sino en una élite tecnológica y minoritaria opaca y ajena a cualquier control democrático. Sin embargo, la falta de fiabilidad de la información y la entrega del poder de control al monopolio tecnológico cuestiona la totalidad del modelo y refuerza nuevamente el poder de los intermediarios tradicionales, esto es, de los partidos políticos y de los medios de comunicación veraces.

Pero la desinformación es un fenómeno predigital, como todos los problemas que han acuciado y sacuden a la democracia. La manipulación social ha sido llave de paso para regímenes totalitarios a través de la propaganda o directamente desde el embuste, con el agravante en el *Moby Dick* digital de que la manipulación es inmediata y renovable continuamente.

Y la libertad, la estación terminal de Hugo Pereira. Un antiliberalismo a granel con intifada teledirigida, que apela a la clase y a la patria, comienza a bracear para suceder al tradicional orden liberal, aquel que se ha construido bajo los equilibrios, siempre inestables, de lo público y de lo privado. Es cierto que tanto la derecha como la izquierda en España se plegaron en algún momento reciente a un género de *democracia sin pueblo* gobernada por las reglas. Cuando la derecha ahora pretende recobrar la credibilidad bajo un compromiso político basado en la libertad y en la defensa de los derechos humanos y contra cualquier dogma de intervención excesiva, la crisis ha abierto una oportunidad en cierta izquierda de clase para pretender imponer un modelo populista basado en el dominio del Estado y en la desconfianza en la libertad individual. Y en este libro Hugo Pereira bracea incontestablemente contra el desafuero de los que abominan de esa libertad.

Hace algunos meses publicaba en una de mis columnas en *20 minutos* que hay un faro en la isla del fin del mundo, más allá de la isla de Julio Verne, donde las sociedades negocian acuerdos imperecederos por encima de los sentimientos mórbidos de los líderes de ocasión; donde los delirios de los segregacionistas sucumben ante el pensamiento reflexivo y la inteligencia; donde el estruendo de los voceros se silencia con el análisis autocrítico; donde el paradigma del gobierno limitado ha vencido a la pretensión totalitaria de los nuevos adanes de la política; donde la banalidad intelectual del nuevo redentorismo ha sido derrotada por el pluralismo de las ideas y de la razón; donde la libertad no se negocia, sino que se defiende a ultranza; donde el reconocimiento del otro no es más que un avance en la consolidación de una realidad cooperativa básica para vivir en comunidad; donde el arbitrismo ha sido sofocado por el antideterminismo.

Ese faro existe y, aunque el autor de esta obra no lo sepa todavía, hay almas que le observan con orgullo de padre. Hay un faro en la isla del fin del mundo, más allá del faro de Finisterre, donde los mesianistas no han impuesto su terror; donde las emergencias electorales no debilitan la centralidad del pensamiento reformista, por mucho que el faro presente fallos en su estructura después de tantos años sometido a los embates del océano; donde la prudencia y la discreción de lo bien hecho se enfrentan a la épica del alarido y la mofa en cualquier debate de televisión; donde el mundo se organiza en torno al diálogo real y no en torno al combate insubstancial; donde la verdadera revolución es proseguir con nuestros consensos tradicionales; donde el mar sigue siendo mar; donde el hombre no es abatido por el robot y donde la verdad no se esconde. Es el faro de la libertad.

Mario Garcés

Político, escritor, jurista y académico de la Real Academia de
Legislación y Jurisprudencia

Notas

1. Lasswell, H. D., & Kaplan, A. (1950). Power and Society: A Framework for Political Inquiry (New ed.). Routledge.

2. Heclo, H. (1972). Review Article: Policy Analysis. British Journal of Political Science, 83-108. https://econpapers.repec.org/article/cupbjposi/v_3a2_3ay_3a1972_3ai_3a01_3ap_3a83-108_5f00.htm

3. The private government of public money: Hugh Heclo and Aaron Wildavsky (Macmillan, London, 1974). (1976). Journal of Public Economics, 185-187.

4. Dye, T. R. (2012). Understanding Public Policy (14th Revised ed.). Pearson.

5. Smith, K. B., & Larimer, C. W. (2016). The Public Policy Theory Primer (3rd ed.). Routledge, p. 4.

6. Graglia, J. E. & Konrad-Adenauer-Stiftung Auslandbüro Argentinien. (2012). En la búsqueda del bien común. Konrad Adenauer Stiftung, p. 19.

7. Pérez Castreje, M. J. (2021). ¿Cómo se define un problema público? La redefinición del problema en las políticas de bienestar locales. El caso del Plan de Acción de Servicios Sociales de la Diputación de A Coruña. Gestión y Análisis de Políticas Públicas, 85-100.

8. Pérez Castreje, M. J. (2021), *Op.cit.* p. 88.

9. Urrea Ballesteros, M., & Valencia Santafé, S. (2017). Los problemas para la Definición de Problemas en Políticas Públicas de Bardach a Noël-Roth. Criterio Libre Jurídico, 14(2), 127-134.

10. Mendieta, M. V. (2009). Documentación sobre gerencia pública, subgrupo A2. Escuela de Administración Regional.

11. Guedez Calderín, Orlando, Herbert Simon: Racionalidad limitada y mercados financieros eficientes. (Herbert Simon: Limited Rationality and Financial Efficient Markets) (2014). Odeon No. 8, 2013-2014.

12. Miklos, T. L. I. A., & Venegas, P. D. L. M. (2000). Las decisiones políticas: De la planeación a la acción. SIGLO XXI Editores, p. 49.

13. Miklos, T. L. I. A., & Venegas, Op.cit, p. 49.

14. Acuña, C. H. (2007). ¿Continúa el siglo del corporatismo? Lecturas sobre el Estado y las políticas públicas: Retomando el debate de ayer para fortalecer el actual, pp. 613-650.

15. Aguilar Fernández, S. (1989). Neocorporatismo: origen del debate y principales tendencias. Política y Sociedad, pp. 57-62.

16. Aguilar Fernández, S., Op.cit, p. 57.

17. Porras, José Ignacio (2001). Policy Network o red de políticas públicas: Una introducción a su metodología de investigación. Estudios Sociológicos, XIX(3), pp. 721-745.

18. Revuelta, B. (2007). La implementación de políticas públicas. Díkaion, 136-156.

19. Revuelta, B., *Op.cit.* p. 144.

20. J. Leca (2003), "L'évaluation dans la modernisation de l'État", Politiques et Management Public, vol. 11, No. 2, p. 165.

21. Dunn, W. N. (1993). Public Policy Analysis: An Introduction (2 Sub ed.). Taylor & Francis.

22. Labeaga, J. M., & Muñoz, C. (2013). La evaluación de políticas públicas en España: aprendizaje y práctica institucional. Revista de Evaluación de Programas y Políticas Públicas, 0(1), 31.

23. Labeaga, J. M., & Muñoz, C. (2013), *Op. cit.*, p. 37.

24. Nakamura, R. T. (1987). The Textbook Policy Process and implementation Research. Review of Policy Research, 7(1), 142-154.

25. Saetren, H. (2005). Facts and Myths about Research on Public Policy Implementation: Out-of-Fashion, Allegedly Dead, But Still Very Much Alive and Relevant. Policy Studies Journal, 33(4), 559-582.

26. Roth, André-Noël. (2008). Perspectivas teóricas para el análisis de las políticas públicas: ¿de la razón científica al arte retórico? Estudios Políticos, 33, Instituto de Estudios Políticos, Universidad de Antioquia, 67-91.

27. Ortega Oliveros, G. (1999). Algunos conceptos de política industrial. Revista Semestre Económico, 2-3.

28. Los principios generales de la política industrial de la Unión | Fichas temáticas sobre la Unión Europea (2021, 1 octubre). Parlamento Europeo. https://www.europarl.europa.eu/factsheets/es/sheet/61/los-principios-generales-de-la-politica-industrial-de-la-union

29. Política Industrial España 2030. (2021, 16 junio). Gobierno de España. https://planderecuperacion.gob.es/politicas-y-componentes/componente-12-politica-industrial-espana-2030

30. Plan de Recuperación, Transformación y resiliencia Gobierno de España (junio, 2021), *Op.cit.* pp. 2-3.

31. Plan de Recuperación, Transformación y resiliencia Gobierno de España (junio, 2021), *Op.cit.* p. 5.

32. Plan de Recuperación, Transformación y resiliencia Gobierno de España (junio, 2021), *Op.cit.* p. 6.

33. Plan de Recuperación, Transformación y resiliencia Gobierno de España (Junio, 2021), *Op.cit.* p. 7.

34. Plan de Recuperación, Transformación y resiliencia Gobierno de España (Junio, 2021), *Op.cit.* p. 7.

35. Plan de Recuperación, Transformación y resiliencia Gobierno de España (Junio, 2021), *Op.cit.* p. 8.

36. Plan de Recuperación, Transformación y resiliencia Gobierno de España (Junio, 2021), *Op.cit.* p. 8.

37. Plan de Recuperación, Transformación y resiliencia Gobierno de España (Junio, 2021), *Op.cit.* p. 1.

38. Phillys Deane, *The First Industrial Revolution* (Cambridge: Cambridge University Press, 1979), p. 2.

39. Andy Constantin Leoveanu, "Rationalist Model in Public Decision Making", *Journal of Public Administration, Finance and Law*, 4 (2013): 43-54, p. 43.

40. Simon, H. A. (2021). El comportamiento administrativo: Un estudio de los procesos de decisión en las organizaciones administrativas. Errepar.

41. Simon, H. A., *El comportamiento Administrativo, Op.cit.* p. 23.

42. Bautista, Óscar Diego (2009). La política de industrialización en España. Antecedentes, evolución histórica y perspectiva europea. Contribuciones desde Coatepec, (17),121-139.

43. La industrialización y el desarrollo económico de España de 1800 a 1936. (1960). https://dialnet.unirioja.es/descarga/articulo/2495518.pdf

44. Nadal, J. (1987). *El fracaso de la revolución industrial en España, 1814-1913.* Ariel.

45. Bautista, Óscar Diego (2009), *Op.cit.,* p. 123.

46. Datos extraídos del informe elaborado por el Directorio Central de Empresas (DIRCE), publicado el 1 de enero del 2021. Enlace: https://www.ine.es/prensa/dirce_2021.pdf

47. Datos extraídos de: https://datos.bancomundial.org/indicator/NV.IND.TOTL.ZS

48. Arcos, J. M. (2022, 17 enero). La Industria pierde la mitad de su peso en el PIB y destruirá 200 000 empleos para 2030. elEconomista.es.

49. Arcos, J. M. (2022, 17 enero), *Op.cit.*

50. España a Través de los Mapas. (2010). Instituto Geográfico Nacional. https://www.ign.es/espmap/industria_bach.htm

51. España a Través de los Mapas. (2010). Instituto Geográfico Nacional. https://www.ign.es/espmap/industria_bach.htm

52. España a Través de los Mapas. (2010). Instituto Geográfico Nacional. https://www.ign.es/espmap/industria_bach.htm

53. Banco Mundial. (2022, 14 enero). La covid-19 (coronavirus) hunde a la economía mundial en la peor recesión desde la Segunda Guerra Mundial. World Bank. https://www.bancomundial.org/es/news/press-release/2020/06/08/covid-19-to-plunge-global-economy-into-worst-recession-since-world-war-ii

54. El impacto económico del covid-19. (2020, 1 abril). Deloitte Spain. https://www2.deloitte.com/es/es/pages/about-deloitte/articles/impacto-economico-del-covid19.html

55. El impacto económico del covid-19. (2020, 1 abril). Deloitte Spain. https://www2.deloitte.com/es/es/pages/about-deloitte/articles/impacto-economico-del-covid19.html

56. Myro, R. (2021). La industria española después de la pandemia. ICE, Revista de Economía, 919.

57. Myro, R. (2021), *Op.cit,* p. 42.

58. Myro, R. (2021). La industria española después de la pandemia. ICE, Revista de Economía, 919.

59. Rallo, J. R. (2013, 20 enero). «España no puede competir en un mundo globalizado». Libre Mercado. https://www.libremercado.com/2013-01-20/juan-ramon-rallo-espana-no-puede-competir-en-un-mundo-globalizado-67099/

60. Rallo, J. R. (2013, 20 enero), *Op. cit.*

61. Rallo, J. R. (2015, 27 enero). Por qué España necesita muchas más grandes empresas. Juan Ramón Rallo. https://juanramonrallo.com/por-que-espana-necesita-muchas-mas-grandes-empresas/

62. Rallo, J. R. (2015, 27 enero), *Op.cit.*

63. J. R. R. (2014). Una revolución liberal para España: Anatomía de un país libre y próspero: ¿cómo sería y qué beneficios obtendríamos? (Deusto). Deusto, p. 125.

64. J. R. R. (2014). *Op.cit.,* p. 125.

65. J. R. R. (2014). *Op.cit.,* p. 132.

66. J. R. R. (2014). *Op.cit.,* p. 136.

67. Carrascosa, B. (2022, 18 abril). Daniel Lacalle (Tressis): «El objetivo del estatismo confiscatorio no es el crecimiento y el empleo, sino el control». Capital. https://capital.es/2022/04/14/daniel-lacalle-tressis-gobierno/

68. Carrascosa, B. (2022, 18 abril). Daniel Lacalle (Tressis): «El objetivo del estatismo confiscatorio no es el crecimiento y el empleo, sino el control». Capital. https://capital.es/2022/04/14/daniel-lacalle-tressis-gobierno/

69. Carrascosa, B. (2022, 18 abril). Daniel Lacalle (Tressis): «El objetivo del estatismo confiscatorio no es el crecimiento y el empleo, sino el control». Capital. https://capital.es/2022/04/14/daniel-lacalle-tressis-gobierno/

70. Marx, C. (2013). *El Capital* (2019.a ed., Vol. 1). Editores Mexicanos Unidos, cap. 1.

71. Mudde, C. and Rovira Kaltwasser, C. (2013).

72. Boubeta, M. A. B. (2005). ¿Puede la intervención estatal ser justificada científicamente? Una crítica. Revista *Procesos de mercado*, 11-51.

73. Soto, J. H. D. (2004). La teoría de la eficiencia dinámica. Revista *Procesos de mercado*, 11-71.

74. Braña, F.J. (2004). Teoría de los bienes públicos y aplicaciones prácticas. Presentación de un número monográfico sobre bienes públicos. Estudios de Economía Aplicada, 22(2), 177-185.

75. Vargas, D. T. (2014). Fallos del mercado y regulación económica en los servicios públicos domiciliarios. Aproximaciones a una disciplina poco entendida por los juristas. *Revista Digital de Derecho Administrativo*, 12, 45-62.

76. Stiglitz, J. E. (2000). Economics of the Public Sector. W. W. Norton & Company.

77. Vargas, D. T. (2014), *Op.cit.* p.50.

78. Vargas, D. T. (2014), *Op.cit.* p.52.

79. Vargas, D. T. (2014), *Op.cit.* p.52.

80. Vargas, D. T. (2014), *Op.cit.* p.52.

81. Klein, Peter G., The Capitalist and the Entrepreneur: Essays on Organizations and Markets (Mises Institute, 2010), p. 9.

82. De Soto, J. H. (2010). Socialismo, Calculo Económico Y Función Empresarial. Unión Editorial, p. 54.

83. De Soto, J. H. (2010), *Op.cit.*

84. Rallo, J. R. (2021, 15 diciembre). Multiplicador keynesiano y teoría de la liquidez. En juanramonrallo.com

85. Rallo, J. R. (2021, 15 diciembre), *Op.cit.*

86. de Soto, J. H. (2011). Dinero crédito bancario y ciclos económicos. Union Editorial, p. 434.

87. de Soto, J. H. (2011), *Op.cit.*, p.435.

88. de Soto, H. J. (1986). Lecturas de economía política (Vol. 2). Unión Editorial, pp. 9-20.

89. Huerta De Soto, J. (s. f.). La teoría austríaca del ciclo económico. https://repositorio.uam.es/bitstream/handle/10486/5811/35926_5.pdf, p. 262.

90. Huerta De Soto, J. (s. f.). La teoría austríaca del ciclo económico. https://repositorio.uam.es/bitstream/handle/10486/5811/35926_5.pdf, p. 269.

91. Huerta De Soto, J. (s. f.). La teoría austríaca del ciclo económico. https://repositorio.uam.es/bitstream/handle/10486/5811/35926_5.pdf, p. 270.

92. Huerta De Soto, J. (s. f.). La teoría austríaca del ciclo económico. https://repositorio.uam.es/bitstream/handle/10486/5811/35926_5.pdf, p. 271.

93. **Boubeta, M. A. B. (2005),** *Op.cit.* **p. 23.**

94. Boubeta, M. A. B. (2005), *Op.cit.* p. 22.

95. Boubeta, M. A. B. (2005), *Op.cit.* p. 24.

96. Boubeta, M. A. B. (2005), *Op.cit.* p. 25.

97. Boubeta, M. A. B. (2005), *Op.cit.* p. 26.

98. Ferrari, F. (2020). El monopolio no es excusa para la intervención del gobierno. Instituto Mises. https://mises.org/es/wire/el-monopolio-no-es-excusa-para-la-intervencion-del-gobierno

99. Mises, V. L. (2020). La acción humana. Tratado de economía. Union Editorial., p. 278.

100. Ferrari, F. (2020). *Op. cit.*

101. Ferrari, F. (2020). *Op. cit.*

102. Ferrari, F. (2020). *Op. cit.*

103. European Central Bank. (2021, 26 octubre). Inflation measurement and the strategy review. https://www.ecb.europa.eu/home/search/review/html/monetary-fiscal-policies.es.html

104. European Central Bank. (2021, 26 octubre). Inflation measurement and the strategy review. https://www.ecb.europa.eu/home/search/review/html/monetary-fiscal-policies.es.html

105. Corral Guerrero, L. (1995). El impuesto: un enfoque integrador. Cuadernos de Estudios Empresariales UCM, 5, 69-95.

106. Gisbert, F. G. J. (2016). Distribución de la renta, crisis económica y políticas redistributivas. Fundación BBVA.

107. Control de precios: escasez y desinversión. (2020). https://moisesbittan.com/control-de-precios-escasez-y-desinversion/

108. Control de precios y sus efectos en la oferta y demanda.| Gerencie.com. (2021). https://www.gerencie.com/el-control-de-precios-y-su-efecto-en-la-oferta-y-demanda-de-los-bienes-y-servicios.html.

109. Rueda López, N. (2011). La eficiencia y su importancia en el sector público. eXtoikos, p.40.

110. Rueda López, N. (2011). La eficiencia y su importancia en el sector público. eXtoikos, p. 41.

111. Rueda López, N. (2011). La eficiencia y su importancia en el sector público. eXtoikos, p. 41.

112. Rueda López, N. (2011). La eficiencia y su importancia en el sector público. eXtoikos, p. 41.

113. Arias, A. S. (2022, 31 marzo). Déficit público. Economipedia. https://economipedia.com/definiciones/deficit-publico.html

114. Rueda López, N. (2011). La eficiencia y su importancia en el sector público. eXtoikos, p. 43.

115. Pedrosa, S. J. (2020, 26 marzo). Subsidio. Economipedia. https://economipedia.com/definiciones/subsidio.html

116. Concepto de ayuda estatal. (2019). eur-lex.europa.eu. https://eur-lex.europa.eu/legal-content/ES/TXT/HTML/?uri=LEGISSUM:4399786

117. Portal de Ayudas del Mo de Industria, Comercio y Turismo
- Ayudas a la iniciativa Industria Conectada 4.0. (2022). Ministerio de
Industria, Comercio y Turismo. https://www.mincotur.gob.es/portalayu-
das/industriaconectada/Paginas/Index.aspx

118. Morales, F. C. (2021, 24 junio). Sector estratégico. Economipedia.
https://economipedia.com/definiciones/sector-estrategico.html

119. Warwick, K. (2013, 5 abril). Beyond Industrial Policy. OECD
iLibrary, p.18 https://www.oecd-ilibrary.org/science-and-technology/
beyond-industrial-policy_5k4869clw0xp-en

120. Fernández, P. (2022, 3 junio). El Gobierno ya tiene el 23% de
Indra tras comprar el 3% de Corporación Financiera Alba. The
Objective. https://theobjective.com/economia/2022-06-03/
gobierno-indra-compra-alba/

121. Oficina Española de Patentes y Marcas - Propiedad industrial.
(2015). Ministerio de Industria, Comercio y Turismo. https://www.
oepm.es/es/propiedad_industrial/propiedad_industrial/

122. Peiró, R. (2019, 13 noviembre). Innovación. Economipedia.
https://economipedia.com/definiciones/innovacion-2.html

123. Cabia, D. L. (2021, 15 enero). Investigación y desarrollo (I+D).
Economipedia. https://economipedia.com/definiciones/investiga-
cion-desarrollo-id.html